人生は折り返し地点からがきっとたのしい

namytone

インプレス

MICHAEL LEWIS
KURASHI
&
Trips
PUBLISHING

はじめに

祖母の80歳のお祝いをしていた、ある秋のこと。料理とおしゃれが大好きな祖母が「段々と出掛けるのがしんどくなってきてね」と言い出したのです。いつまでも元気だと思っていた祖母にこんな日が来るなんて……。
　好きなように動ける時間は、意外と短いのかもしれない。色んなことが頭の中を巡りました。その時、ふと手に取ったのが、

「あなたの人生、いま何時？」

（『志村流』／著：志村けん／発行所：三笠書房）

という言葉が綴られた志村さんの本。この中に、「一生を一日二十四時間で考えたら」というテーマがありました。そこには「人生は72年、それが丸一日とすると一時間あたり3歳」ということが書かれていました。
　私は現在38歳なので、今は12時すぎ。平均寿命から考えると、人生が72年というのはちょっと早いかもしれませんが、祖母がしんどくなってきた80歳が健康寿命だとしたら、40歳くらいが折り返し地点……。

「もう折り返し地点!?」

これまで何となく日々を生きてきたけれど、急に目の前に「これから」の下り道が現れ、ハッとしました。その後、祖母はみるみる弱ってしまい、介護が必要な状態に。祖母の一言がきっかけに、人生後半は自分を取り巻く物事を整理して、「余裕」「余力」「楽しみ」を持ちながら身軽に暮らしていきたいと思い準備をはじめました。

ノープランでふらふらっと旅するのもよいですが、事前にチェックしていた見たい景色、訪れたい場所、食べたいものなどを辿っていく旅は、また違った充足感を得ることができますよね。これからの人生、旅のしおりのような「人生の地図」があると、より楽しく、身軽に、そして自分らしく生きていけるのではないかと考えました。進む道が分からなくなった時に、見返せるものがあると安心です。そこで、旅のしおりを作るために自分に問いかけました。

何をしている時間が幸せだろうか。
日常的に自分はどういうエネルギーで生きているのだろうか。

自分のこれまでを振り返ると、いい仕事をすることや、全力で意気込むことはもちろん大切だけれど、結局〝幸せだな〟って感じることは、暮らしの中にあるほんのちょっとした出来事だったりします。暮らしの中の些細な風景に、いつも心救われているのです。

旅のしおりに必要な項目がぼんやり見えてきて、そこから人生の地図の中で、「これから」というレールを敷き直してみたり、分岐させる方向を考えたりするのが楽しくなりました。地図を見直すと、人生後半は辛いことだけでなく、楽しみも詰まっている。人生は選択と決断の連続ですが、何かを〝選ぶ〟ということは、人生そのものを作ることでもあると気付きました。

40歳を目の前に、人生のさまざまな節目を思い返してみましたが、一度たりとも同じ自分ではありませんでした。前を向いて新しいことに挑戦することだけではなく、うしろを振り返り、「これまで歩いてきた道をなぞること」も、生きていくことなのだと思います。地図上で自分の現在地さえ分かれば、難しいことは何もないのです。

これからの人生のために、行動や暮らしを何度も軌道修正し、今もなお日々手探りではありますが、私のリアルな暮らしの断片や生活の記録などを綴りました。この一冊を通して、一緒に「歳を重ねるのも悪くないな」「折り返し地点からの人生の地図を作ってみようかな」と思う方がいてくださると幸いです。

読み終わった後に、人生は折り返し地点からがきっとたのしいと思っていただけますように。

INDEX

Chapter. 3 季節のめぐりに心を寄せて時を刻む

The round of the seasons

Chapter. 4　乱れやすいココロとカラダに、ちょっといいコトを

My mind and body story

Chapter. 5　経験を重ねて気付いた、ちょうどいい幸せ

Enjoy being alone

Chapter. 6 背伸びしない等身大の私で考えるこの先のコト

Life - size me

My Room

私のお部屋

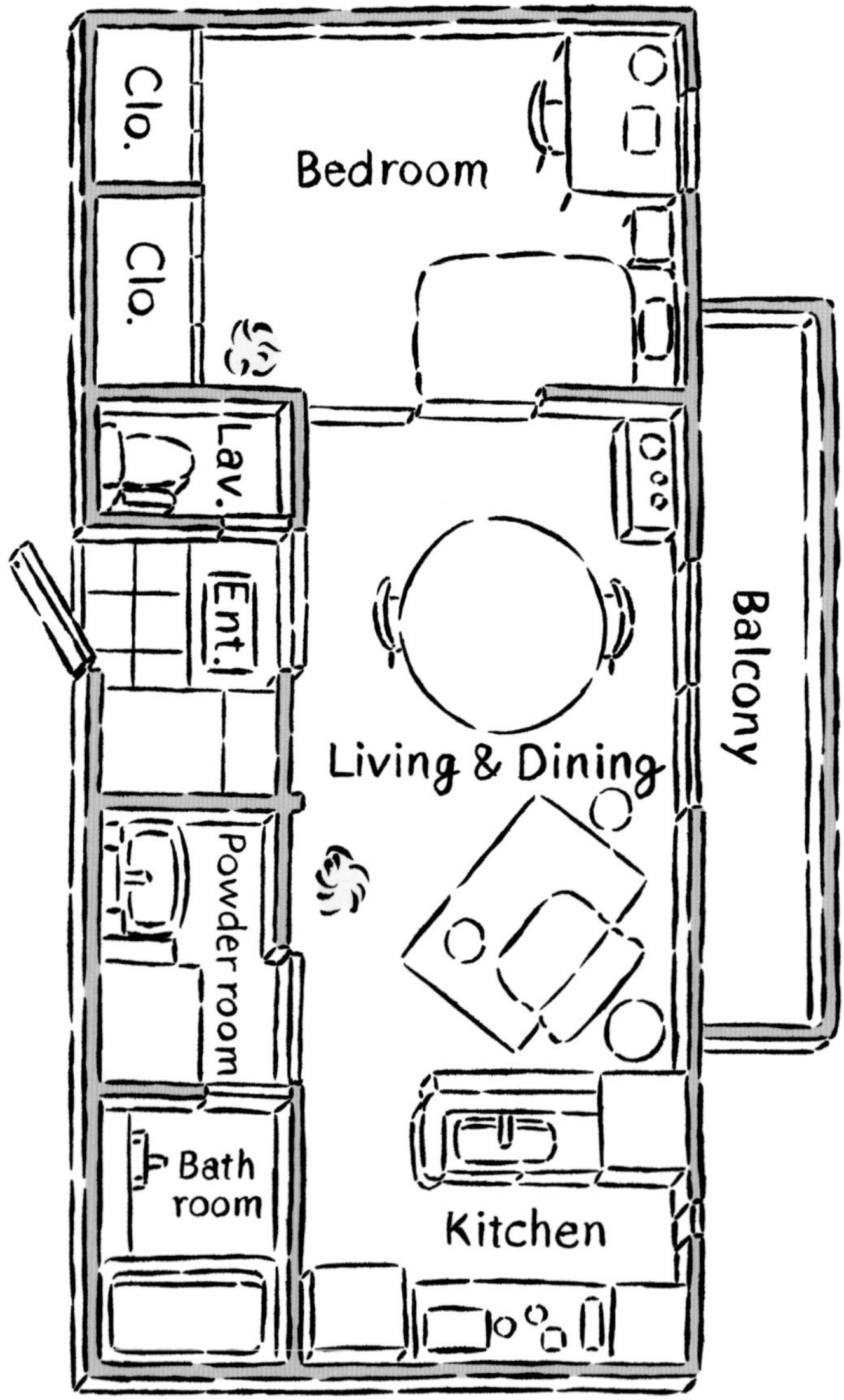

Chapter. 1

人生を折り返すための5つの準備

Five preparations

折り返しの準備
はじめてますか？

自分がもうすぐ
折り返し地点に立つということを
意識しはじめてから、
「折り返してからの人生」、
未来のことを考えるようになりました。
後半の人生は
身軽にたのしく過ごしたい。
そこへ向かうための5つの準備を
まずははじめました。

「一生懸命」から余力のある暮らしに

仕事でも暮らしでも、一番大事なのは、「余力を残す」ことだと思っています。アクセルを踏みっぱなしだったこれまでは、常に疲労感と闘い、心にも余裕がなく、でも「これが私の人生だから」と自分に言い聞かせて環境を変えようとしませんでした。体調を崩すのは当然で、30代前半から自律神経の乱れによるひどい不調に悩まされることに。この経験を経て、早めにアクセルを緩めることを覚え、時にはニュートラルでいることの大切さを学びました。

健康な精神は健康な身体に宿ると言います。笑うことも、食べることも、働くことも、遊ぶことも、健康がベースにあります。だから、自分の身体としっかり会話をしながら、「無理をしない」のではなくて、「余裕がある」状態をキープして、緩やかな毎日を過ごすのが目標です。

余裕のある暮らしを意識してから、朝は白湯をゆっくり飲む、という時間を取り入れました。ただボーッと白湯を飲むだけですが、毎日そこから一日をはじめることで肩の力が抜けます。

常に一定のスピードで進むよりも、一旦緩めてからアクセルを踏み直した方がぐんと長く進めたりする……ということにも最近気付きました。

人生後半は暮らしの中で、どんなことを大切にしたいのか考えました。
毎日同じことの繰り返しな日々、何を大切にしているのか、なぜ大切にしたいのか、
ありふれた日常を多方面から考えると自分の目指したいこれからが見えてきます。

ずっと保留にしていたものの見直し。

「まだ使えるのにもったいない」ではなく、「使っていないからもったいない」

という目線で手放していきました。

自分を感じられるものだけを残す

何もかも減らすのではなく、自分が本当に好きなもの、自分を感じられるものだけを残していくことは、自分の人生と向き合うことでもあると感じています。

かつての私は、収納いっぱいに服を詰め込み、その服に合わせた靴やバッグ、そして調理道具や器など数えきれないものに囲まれて暮らしていました。昔から片付けが好きだったので、整理整頓することで、何となくすっきり見せていました。

でも実は、何をどのくらい持っていて、どこで購入したものかを把握できていなかったのです。「持っていること」に満足しているだけで、使っていないもの、見栄や流行に乗って買ったものがたくさん……。「本当に好きかどうか」という基準をしっかり持ち、把握できる量に減らしていくことで、残った一つ一つのものを大切にしていけると感じ、引っ越しのタイミングで、家中のものを集め、見直しをしました。するとと処分するものの山と、入れるものがない空の収納ケースがたくさん！

整理整頓ができているから、身軽に暮らせるわけではないようです。物理的な身軽さは巡り巡って心の軽やかさに繋がるので、人生後半を身軽な状態で迎えるために、１ヶ月に１度は部屋のものを見直す時間を作っています。

「お金の動き」の輪郭をくっきりさせる

すべてを見える化する。お金の管理はこれに尽きると思っています。お金に関する資格を持っているわけではなく、多額の貯金があるわけでもありませんが、〝身の丈に合った暮らしを継続する〟ために、自分なりに試行錯誤し自分専用のプランを立ててきました。

ひとり暮らしをはじめた頃はどんぶり勘定で、貯金なんてとてもできっこない暮らしをしていたのですが、今ではざっくりと、月ごと、年ごとのお金の動き（収支）を把握できるように。失敗という名の「経験」をたくさんしてきたお陰で、〝節約〟にウエイトを置いたり使いすぎに注意したりというよりは、貯金する目的を明確にし、本当に〝価値がある〟と思えるものにお金を使うのが大切だと思い、お金の動きを把握しています。

支出も貯金もすべてをノートに書いて見える化し、自分なりの価値観を持っていると、崩れかけた時に立て直しがききます。心配性なので、いざという時のことも人一倍考えます。

母はレシートの中身をすべて家計簿にコツコツ記録するタイプなので、私もマネして試してみたのですが、三日坊主に終わりました。ということできっぱり諦めて、すべてを記録することより〝毎月見直す〟〝ちゃんと把握する〟ということに軸を置き、毎月収支のみ記録して、振り返るようにしています。ぼんやりしていた「お金の動き」というものの輪郭がくっきりとしてくることで、人生の心配事が一つ減ったような気がします。

面倒くさがり屋なのに、お金の管理は便利なアプリや家計簿は使わず
いつまでもアナログ……。続けるために、収支が把握できて、
お金の動きが見えればよいという範囲でコツコツやっています。

仕事でもやもやすることがあった時は、家の玄関に入るまでに
忘れるように心がけます。玄関の扉がオンオフを切り替える場所です。

仕事漬けの自分に酔わない

ある休日、来週から忙しい日々がはじまるし、このくらいにしておこう、と遊びを加減していてふと思いました。仕事のために生きているな〜と。これって逆なのでは……。

仕事という太い柱があることはとてもありがたく、生きていく上で必要不可欠なのですが、その軸を少しだけずらして、真ん中にはもっと大切な「暮らし」を置きたいと考えるようになりました。

朝早く出社して、残業する日々。「早く出てきて偉いね」「遅くまで頑張っているね」と声をかけられることが多々ありました。もちろん業務が立て込んでいて、やらざるを得ない状況だった時期もありましたが、誰かに頑張りを認めてもらいたくて「目に見える頑張り」を残すことに必死になり、仕事漬けの自分に酔っていた部分は大いにあったと思います。

認めてもらえなくても、「頑張っている」と自分で納得できる確信があればいい。仕事は誰かがやったことの積み重ねで、その「やってくれたこと」は後から見えてくるものだと思うのです。見ている人はちゃんと、それにかかった手間と時間を想像してくれているはず。

人の評価を気にするのではなく、自分軸で仕事をする。この先も長く続く仕事人生だからこそ、自分を大切にしながら続けていけたらと思います。

会いたい人には自分から会いに行く

会いたい人には自分から会いに行き、伝えたいことはすぐに伝える。「ありがとう」「大切だよ」、その言葉を伝えておけばよかったと後悔しないように。

コロナ禍で、当たり前の日常が突然奪われました。会議はオンライン、商店街はどこも閉店しており、いつもの喫茶店もお休み。突然のことに心がついていきませんでした。

ひとり暮らしの私は人と接することがなくなり、本格的に誰とも会話をしない日々が続きました。久しぶりに出勤しても隣の人は在宅ワークで不在。他愛もない会話をしたり、誰かと誰かが笑って話しているのを見たりすることがどれだけ心の栄養になっていたのか思い知らされました。「人に会いに行く」という選択肢があることは、とても幸せなことです。

人に会えない経験をしてからは、「自分の心を温めてくれる人」や「自分の人生にかけがえのない人たち」との時間を心から大切にしようと考えるようになりました。人間関係はシンプルに、それだけでいい。そのためには、時間の使い方をよりシンプルにし、軽やかに動けるようにしておきたいもの。後ろ向きな時間があれば潔く手放します。歳を重ねるにつれて重くなりがちなフットワークですが、会いたい人、見たい景色、美味しい珈琲を飲むために動けることが、これからの自分を救ってくれるように思います。

「あの時、行けばよかった」

そういった後悔をしたくないと実感した自粛期間。

ひとり暮らしだからこそ、進んで会いに行くことが大切かもしれません。

以上が私がはじめた5つの準備。
人生後半も、
色々と背負ったまま走ることもできるけど、
これまで何事にも「必死」だったからこそ、
重い荷物は置いて行く。

折り返し地点を意識し
準備をはじめたことで、
暮らしも仕事も
ガチガチに縛られていた毎日が、
風通しのよい毎日へ
変わっていったのです。

いろいろなことが
あるから
これからの日々は
身軽にいきたい

Column.1

暮らしも仕事も粛々と

社会人になって一番忙しかった頃。次々に入ってくる業務、迫り来る締め切り、大きなプロジェクトとキャパオーバーの仕事量に加え、クレーム対応などメンタル的にも追い込まれていました。何もかも嫌になって低空飛行をしていた私に、上司が「暮らしも仕事も粛々と」という言葉をかけてくれました。その時はあまりピンと来ていなかったのですが、後で言葉の意味を辞書で調べてみたら、「今のままでいい」と肯定してもらえたようで、何だか泣きそうでした。

仕事のキャパを超えると、何から手をつけてよいのか分からなくなって、「何一つできていない」と焦ってしまいがちです。でも、先のことばかり意識しないで、いつも通り目の前のことや身近な人を大切にしなくては……という気持ちになりました。

代わり映えしない日々に大きな変化を求めてしまったり、ここに在る意味を考えてしまう時があるのですが、平凡な日々こそが、何よりの幸せだということに気付かせてくれる言葉です。代わり映えしなくても、一日一日をちゃんと生きているし、そうやって粛々と日々を重ねていくことが、何よりも幸せだなと思えます。日々の幸せは、掴むものではなく、気付くもの、そして重ねていくものだなぁ～と改めて感じさせてくれるのです。

Chapter. 2

歳を重ねて、〝いまの〟自分が整う暮らし

Grow older

自分の「好き」を見つめ直し、北欧家具を取り扱う「haluta」さんで購入したチーク材のチェスト。圧迫感を抑えるため家具の高さはなるべく腰以下にしています。

誰かのマネから「自分で在るための場所」作りへ

今の部屋に引っ越す前は、Instagramで人気の無印良品の家具を使ったシンプルで統一感のあるお部屋の投稿に憧れ、インテリアを揃えていました。当時の私はとにかく毎日が忙しく、効率重視で暮らしていたので、無印良品の無駄のない家具は自分に合っていました。

でも、年齢を重ねるうちに、何か引っかかりを感じるように。誰かのマネをしたインテリアでしたから、ホテルや人の家にいるような感覚を覚え、「家の中に自分というもの」を感じられず、どこか落ち着かなかったのです。

そして3年前、今の物件に引っ越すタイミングで、「よしっ、自分を感じられる部屋にしよう！」と決意しました。体調を崩し、コロナ禍が重なったこともあって、「家で過ごす自分」を大切にして、効率よりも自分らしく生活することに重きを置こうと思うようになったのです。また、人生一度くらい自分の「好き」と向き合って、思い切り部屋を作りたい気持ちがどこかにあったのかもしれません。

そこで、インテリアの雑誌や本を読んでは、自分の「好き探し」をしました。特に好きなのは、石田ゆり子さんの部屋。そこには名前のない家具や置物などがたくさんあり、旅先で出会い恋をするように買ってくるのだとか。「どこで・いつ・なぜ買ったのか」を大切にされているんだなと感じました。忙しい日々を過ごしているからこそ、優しい空気が漂う、そんなおうちに近づけたらなぁと思ったのです。

もうひとりは、内田彩仍さんの部屋。北欧インテリアや雑貨などを知るきっかけをくれたのは内田さんでした。年齢も少し先輩なので、これからの自分とリンクさせている部分もあるのかもしれません。

大好きなお二人の暮らしを勉強しつつ、辿り着いたのが北欧のヴィンテージ家具。北欧の人々が、「家具が年月を重ねることは、古く色あせるのではなく、新品にはない魅力や価値を増していくもの。経年変化は、成長と発展」と捉えていることにも感銘。無理をして節約したり、欲しいものや好きなものをがまんしたりするのではなく、〝すでにあるもの〟を大切にして価値を高めていく。それは、自分自身の歳の重ね方とリンクする部分なのかも、と思ったりしています。

好きが詰まった家は、「自分が自分で在るための場所」。ここがあるから、明日がもっと楽しみになり、仕事にもパワーを注ぐことができています。

家具を買ったから暮らしが変わったというより、暮らしをアップデートする中に、「自分の好きを見つけること」があった気がします。どういうものが好きか、何を大切にしたいか、自分の奥深くにある潜在的な部分に辿り着くまで少し時間はかかったけれど、だからこそ巡り合えたものは、心を込めて使いたいと思えるようになりました。

我が家の可愛い
北欧ヴィンテージ家具たち

引き出せば分かる
ワンアクションの収納棚

ヴィンテージならなんでもよいというわけではなく、収納棚は引き出して中身が取れるワンアクションのものを選んでいます。家具選びで大切なのは「心地よい空間を作ってくれるもの」なので、部屋には木製家具を多く取り入れていますが、材質は特に統一していません。

スイッチが
ONになる作業机

書きものやPC作業はほとんどここで。家計簿や便箋、文房具などを引き出しに収納しています。座ると自然と活動スイッチがONになる仕組みになっています。

来客時は8人まで囲める食卓に。我が家のテーブルは必要に
応じて天板サイズを伸長できるエクステンションテーブルです。
福岡の「Antiques & Repair eel」さんで出会いました。

ラグ、器。好きなものから心の栄養をもらう

40代に向けて、身軽に暮らそうとものを減らしてきました。一方で、「好き」なものは減らさなくていいと思っています。

例えば、石田ゆり子さんの赤いラグのあるスタイルに憧れてお迎えしたラグ。東京のお店から何枚もラグの写真を送ってもらい、ウキウキしながら部屋に敷く想像を膨らませ、お店にも足を運びました。購入したラグを敷くと、ラグの伝統的な柄とヴィンテージ家具の趣きがうまくまとまり、調和のとれた自分らしい部屋に近づきました。料理でいうとスパイスのような……。「なくてもいいけど、好きだから持つ」ことは、自分自身を認めてあげることになる気がしています。

また、我が家にはたくさんの器があります。へとへとで帰宅した時も、買ってきたお惣菜をちゃんと器によそってから食べよう。そんな気持ちにさえさせてくれる器。だから、器は間に合わせで揃えることはしないと決めています。たかがお茶漬けでも、お気に入りの器に盛れば、見え方も変わりますし、心にまで栄養を与えてくれます。持つことで心の温度がグッと上がり、健康になれる器たちです。

何度も吟味してお迎えしたラグ。趣味や価値観が変わっても、「その時、心の底から納得して選んだもの」という記憶を刻んでくれます。

1〜1.2m程度のアクセントラグは、賃貸暮らしでも自由がきき、模様替えが楽しくなります。30cm程度のものはお出かけに持って行くことも。ラグは東京・中目黒の「Layout」で買ったものが多いです。

盛るだけで料理が豪華になる優秀な器たち

器選びは自分の料理に合わせて購入

陶芸作家さんの想いが込められた器が大好き。地元の作家さんの器を購入することが多く、自分が作る料理を思い浮かべながら、選ぶようにしています。すると、すべてが一軍になり、使わない器がない状況に。私は煮込み料理を作ることが多いので、こぼれにくい少し縁のあるお皿の出番が多いです。

白い食器は質感のあるものを

作家さんが作ったお気に入りの器やマグたち。最近、福岡県で活躍されている陶芸家の高木剛さんのアトリエに伺い、作家さんと直接お話しする機会があり、ますます大切にしたいと思いました。和食を作ることが圧倒的に多いので白いシンプルなお皿が重宝します。質感のあるものだと、白でも味わい深い食卓になります。

白い器でも質感が違うだけで印象が変わります。上の写真の器はちょっとマットで触るとほっとします。豆皿も大好きで右の写真のように籠にひとまとめに。ちょっとした酢の物など、皿に盛り付けるだけで、食卓が豊かになるので大好きです。鬼の豆皿は節分限定で活躍します(笑)。

リビングの照明はルイスポールセン「PH4/3」のペンダントライト。この照明を灯してテーブルにつくだけで、ひと息つけます。

ふわっとした照明で ＯＦＦモードに

以前はリビングの照明は明るいほどよいと思っていました。帰宅したらまずテレビをつけて、シーリングの蛍光灯の下でひと息つきます。けれど、家に帰ったはずなのにＯＦＦモードに切り替えられないのです。

「落ち着く空間作りをするためには、部屋全体を明るくするより、スポット的に照らした方がよい」という記事を雑誌で見て、リビングの照明をルイスポールセンのペンダントライトに替えてみました。スポット的に照らす照明は、部屋全体が暗くなるかなと思っていたのですが、そもそも自然光の入る昼間は光の強い照明は必要ないし、夜もそんなに部屋を明々とさせる必要はないかも……と思い切って購入。

結果は大正解！　白いシェードと温かくて繊細な光に部屋が包まれ、見ているだけで身体と心が緩やかにＯＦＦモードへ。この柔らかい灯りのおかげで、心を鎮め、優しい気持ちでいられるような気がします。仕事で疲れた日も家でひと息つくのは、この照明の下にあるテーブル。ずっと居続けたくなる部屋にはインテリアだけでなく照明も重要だと気付き、キッチン、リビング、寝室それぞれに気に入った照明を置いています。

ポータブルの照明で
好きな場所に灯りを移動

ルイスポールセン「パンテラ160ポータブル」は、可愛いきのこのような形をしたライト。コードレスのため持ち運びが可能で、色々な場所に置いて灯りを楽しめるので、大きな照明を置けない方にもおすすめです。

癒しの
明かりを灯す
我が家の照明

帰宅して灯すことが楽しい時間に

リビングのサブ照明は「HEMPLEN」というランプ。ソファの近くに置いて、読書灯として愛用しています。一つ一つ手作りで、真鍮のプルスイッチがゆらゆらと揺れるのが愛おしい！

左の写真は1900年代にスウェーデンで製造されたランプ。ほどよい明るさで寝る前の読書を楽しみます。下の写真の「AKARI」は和紙の照明で和のイメージがあり、お灸の時間に灯すことが多いです。

暖色系の明かりで
眠りにつきやすい空間に

眠りにつくために重要な「副交感神経」を優位にするには、部屋全体を温かみのある電球色で包むのがおすすめ。身体の針が「活動」より「くつろぎ」に傾き、寝るモードへじんわりと切り替わっていきます。自律神経は自分で調整できないので、意識的に整えていくことが大切。寝室には「Holmegaard」の乳白色のガラスシェードのペンダントランプを。吹きガラス製法で作られた優しい光が眠りに誘ってくれます。

見た目より「楽に続く」収納へ

おしゃれな収納箱をズラリと並べ、整然と整理してあっても、出し入れが面倒だと結局散らかってしまいます。開ける時はスムーズでも、閉める時にちょっと引っかかるだけで、もう出しっぱなしになってしまう……。

無印家具時代は、「出したものを戻す」というアクションはさほど苦ではなく、収納が綺麗に整理されていることに満足感がありました。

それが年齢を重ねるにつれ、戻すのが億劫になり、「見た目重視」だと綺麗な状態をキープできなくなってきました。そこで収納の考え方を見直して、「楽な出し入れ」を意識するように。「何に」収納するかより、「どのように」収納するかを重視して、リバウンドしない、続く収納を心がけるようになりました。

自分の行動と照らし合わせて色々と考えて、「楽な開閉」「楽な出し入れ」「1アクション」「片

収納ボックスはなるべく使わず、引いたらすぐに出し入れできる収納に。
よく使うものは、手前側に置くなど配置も考えるようにしています。

手」こそ〝続く4アクション〟だという答えに辿り着き、意識して収納スペースを作っています。

とはいうものの、4アクションが揃ったベストな収納方法に落ち着くのはなかなか難しいもの。いいと思って取り入れてみても、なぜかものを元に戻さないパターンもあります。

なので、収納を考える時は、その収納が続くか、数日使いながらリバウンドチェックをします。色んなシーンで何度も開閉してみて、不都合を取り除き自分なりにバージョンアップさせていきます。スマホでパシャリと部屋を撮影するのもおすすめ。片付いていない場所や、使いにくそうな場所は、肉眼で見るよりも客観的に見られるので、ハッと気付くことができます。

続く収納は一日にしてならず。今はベストな方法でも、数年後にはまた変わってくるかもしれません。完成したと思えば簡単に崩れるし、あっという間に振り出しに戻ります。年齢や暮らし方に合わせて、「見直し続ける」ことが大切です。

キッチンツールも重ねる収納だと取り出すのが面倒なので、
パッとすぐ取り出せるようにコの字ラックなどを使っています。

それから、飾ることについて。ひとり暮らしを彩ってくれる雑貨や絵画などは大好きなのですが、飾りすぎると部屋を雑多に見せてしまいます。

なので、飾るのは最小限に。あちこちにお気に入りをちりばめたい気持ちをグッとこらえて、基本は本棚の一角だけと決めています。部屋のインテリアは、「限られているからこその魅力」があります。昔は壁という壁に棚を付けて小物を飾っていたのですが、晴れて卒業することができました（笑）。

アレもコレも並べたいなら、月ごとに「アレ」と「コレ」を交代で並べるようにするといいと思います。棚の上に季節の花を飾ったら、他の置物は棚の中か他の場所にしまっておく。そうすることで、花の存在感が際立ちます。

また、月ごとにリビングにあった棚を寝室に移動させたり、照明の位置を変えたりして楽しんでいます。持ち運びやすい家具ばかりなので、定期的な模様替えも苦ではありません。

部屋の中で飾る部分はここだけ。好きな置物やCD、ポストカードなど、好きなものを詰め込んで飾っています。お花を飾る際にも、ここが定位置です。

めがね

ルーティンはガチガチに固めていませんが、時間で決めているルーティンがあります。「この時間になったら、これをする」と身体が勝手に動き、毎日がスムーズに。

「ながら家事」やめました

最近、ながら家事をやめました。1冊目の本を出版した時は効率重視だったので、お弁当を詰めながらキッチンの一角でメイクして、他にも色々と同時進行。朝の出勤時間までにアレもコレもやって、結局何をしたのか分からないまま家を出ることも……。

でも、ある時から「時間を効率的に使う」のはやめることにしました。ある朝、洗面所に行こうとして、一瞬「先にお湯を沸かしておこうか」という考えが頭をよぎり、「洗面所とキッチン……どっちを優先した方が効率良い!?」と大慌て。その時、仕事は同時進行できるのに、家のことはそうもいかないと気付いたのです。そこで朝は5時前に起きて余裕を持ち、家事の同時進行を控えるように。

家事を同時に進めると、注意力も半分ずつになります。うまく分散できる人は同時進行もできるのでしょうが、私は一つずつ進めて、次のことを頭の中で考えるくらいがちょうどいい。以前はそう考える余裕も改める発想もありませんでしたが、立ち止まってみたことで、フィットする方法が見つかりました。自分の性格とライフスタイルに合った家事の進め方を見つけて、その時々でアップデートするのがいいようです。

「掃除のしやすさ」≠「心地よい暮らし」と考えない

床にはものがない方が断然掃除しやすく、掃除に費やす時間も短縮できますよね。以前は週末のまとめ掃除でラグもその都度めくっていたので、掃除で休日が終わっていました。一度は床置きのものをすべて手放そうかと思った時期もありました。でも、大好きなラグ、本当に要らない？　そう問いかけると、自分の心は「NO」でした。見た目や使い心地、汚れの付きにくさや掃除のしやすさなど、もの選びの基準は人それぞれ。でも、「好き」は、もっと大事なのではないかと思ったのです。掃除中心のもの選びをするのか、「好き」を大切にするのか、考えに考えて、「ラグをめくるくらいの余裕を持って暮らそう！」という結論に至りました。

そこでお掃除ルーティンを見直して、掃除に費やす時間、掃除の仕方、掃除する場所などを改めることに。掃除はためこまない。まとめて行わない。気付いた時にちょこちょこやる。小さな習慣のお陰で頑固な汚れが残ることもなく、掃除にかかる時間も短縮でき、何より掃除へのハードルも下がりました。こんな風に日常的な行動を少しルール化することで、掃除に限らずさまざまな行動がシンプルになり、とても生きやすくなる気がします。

好きなラグを持つことを決心し、「余力を残す暮らし」へシフトしたことで、ものを持つことへの考え方もすっきりとクリアになりました。何だか原点に返ることができた気がします。

大判のラグは掃除が大変ですが、我が家のラグは小さいサイズのものが多いので、意外と掃除が楽。床にものを置かないようにもしているので、スイスイと掃除ができます。

Tuesday

火曜日

掃除は暮らしに溶け込むように取り入れる

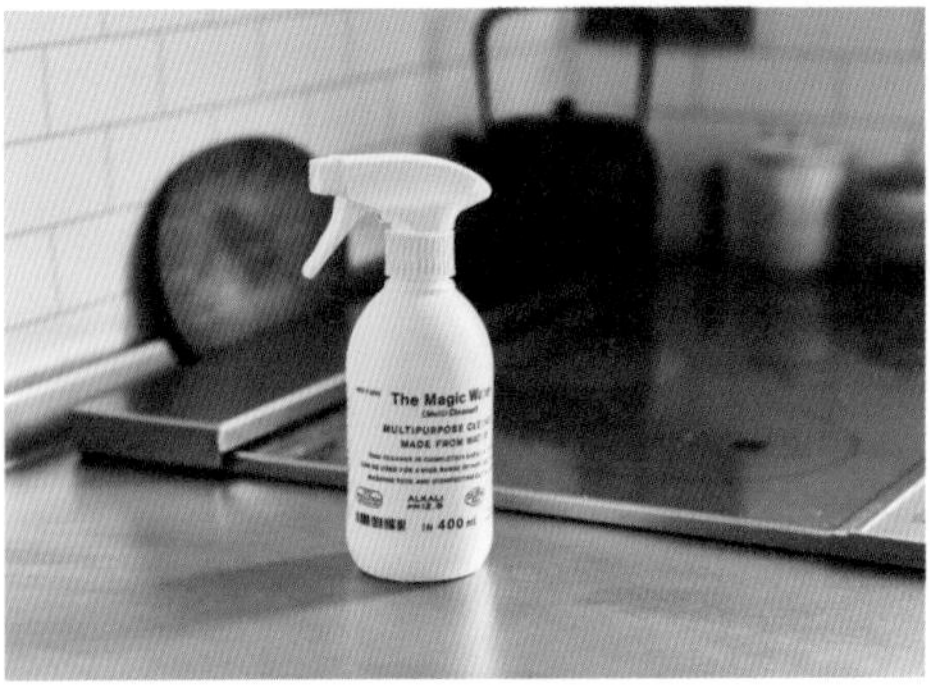

火曜日は「火」のまわりをお掃除

念入りなお掃除は、曜日から連想できることを行います。火曜日は「火」にちなんでコンロまわりを。マルチクリーナーの「The Magic Water」で拭き掃除。アルカリ電解水で油汚れを落とし消臭もしてくれます。

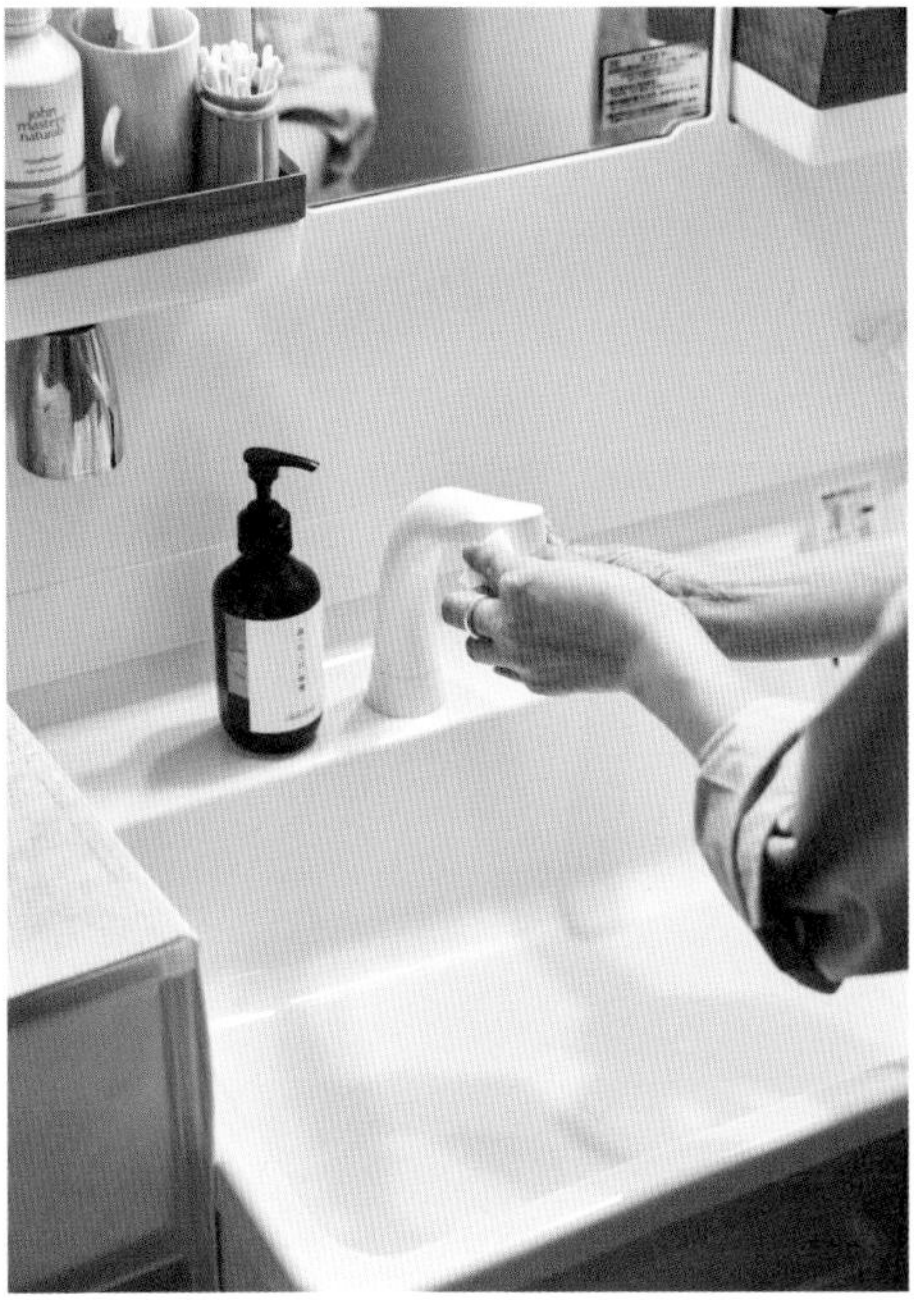

Wednesday
水曜日

「水」曜日は水まわりをササッと掃除

「水」曜日は水まわり。洗濯機を回す直前に洗面台掃除。クリームクレンザーを吹きかけて、メラミンスポンジでササッと。洗濯前のタオルで拭き上げたら完了〜！　手を洗うついでに、泡のついた手で洗面ボウルを磨くのは日々のルーティンなので汚れが目立つことはありません。

Thursday
木曜日

「木」曜日は木の家具のお手入れ

木製の家具やスツールなどはほこりが溜まりやすいので巡回しながらダスターでササッと掃除します。艶出しワックスは汚れや傷などが目立ってきた時に。

おかずが1品だけだと量があっても物足りない気持ちになるので、作り置きや味噌汁を含めて大体3～5品を準備します。少量でも品数があると視覚が満足し、心が満たされるようです。

美味しいごはんがあれば、ただそれだけでいい

食べたものをすべて書き出すというのを何かで見て、試しに私もやってみたところ、食を巡る自分の行動やクセが見えてきました。バランスよく摂っているつもりだったのに、カルシウムやミネラルは不足しているし、たんぱく質も推奨量にはとても満たず……。しかもけっこう甘い飲み物を飲んでいる、と色々なことが分かりました。

こうした偏りをリセットし、リスタートするためにも、自分の心と体を見つめ直し、栄養面から食べることを考えるのが大切だと思いました。

とはいえ、あまりストイックになりすぎると苦しいので、五大栄養素をバランスよく摂るという緩めの献立を心がけています。不足しがちなたんぱく質は、豆腐料理や鶏肉料理で摂取するように。栄養豊富な玄米を食べたり、バナナは朝に食べてブドウ糖を補ったり、おやつを食べるならゆで卵やふかし芋にしたり。美味しいものをがまんするのではなく、より身体が喜ぶ方を選ぶように「意識する」だけで、食は改善していきます。

栄養を考えて食べるようにしたら、病院へ行く回数がぐんと減り、定期的な服薬もなくなりました。さらに運動も適宜取り入れて汗をかくようにしたら、代謝がよくなり、血行がアップ。血色がよくなると、化粧ノリが全然違うのです。高い化粧品をアレコレ試すより、まずは生活習慣を見直して、身体の中を整えるインナーケアをすることが、私にとっての一番の美容法です。

実は先日、仕事の繁忙期にレトルトやコンビニの揚げ物に頼ってしまったら、一気に体調を崩してしまいました。食生活は健康にもっとも影響を与える部分だと実感。

何より、辛いことがあっても、ほかほかのごはんと温かい味噌汁を食べたら心がほっと落ち着きます。暮らしを整えるリズムは人の数ほどあれど、「食」を中心に整えていくと、自然と心も整っていくような気がします。ごはん作りは、自分の元気のためであり、暮らしのベースを作るものでもあります。

ごはんは基本、玄米です。収穫後、茶色のもみ殻を除いたものが玄米。玄米の胚芽とぬかには、ビタミン・ミネラル・食物繊維が豊富に含まれていて代謝もUP！　玄米1：白米1の割合にすると、玄米のみより消化がよく食べやすいです。STAUBの「ラ・ココット de GOHAN」という鍋で炊いて食べています。

隠すメイクから、馴染むメイクへ

20代前半に、皮膚の病気を患いました。メラノサイトが作れなくなって、皮膚の色が白く抜けてしまう病気です。

顔や身体に白斑ができたことにひどく落ち込んでいた時に出会ったのが、皮膚の変色を隠すメディカルメイクアップ製品です。色々研究してメイクスキルも上達し、白斑はメイクすれば完璧に隠せるようになりました。

これに勝るものはない、と全幅の信頼を寄せていたある日、化粧品店でアクセーヌのスキンカラーコントロールに出会いました。素肌を活かし、顔全体の印象を高める部分用ファンデーションとのことですが、白斑を隠せるカバー力はなさそう……。ところが使ってみると、あら不思議、完全にはカバーできていないのに、程よく肌に馴染み、地肌との差がなくてとてもいい感じに仕上がるのです。

8割くらいのカバー力でナチュラルメイクを目指します。艶を与えて、シワが目立たないようメリハリをつけてくれる道具たち。「RMK」のフェイスパウダーとチーク。最近は「THREE」のハイライト＆チークも気に入っています。

コンプレックスは「100%隠したい」から、「このくらい隠せたらいっか」と思えるようになったのは、この時から。隠すメイク一択だと思っていたのが、受け容れるメイクもあったのかと、これは人生のターニングポイントでもありました。

また先日、外泊先でコンシーラーを忘れてしまい、仕方ないので白斑部分をアイシャドウで誤魔化してメイクしてみました。あれ、意外にいけるかも？　絶対に必要だと思っていたから、それを外す選択肢はいままでなかったけれど、何だか崖から落ちて、自力で這い上がれた気分になりました。

何かを信じる気持ちは大切ですが、強すぎると「もっといいもの」が入り込むすき間がなくなり、せっかくのチャンスを逃してしまうこともあるのかも。自分の力ではどうにもならないことは、受け容れるまでに時間がかかります。コンプレックスのすべてを取り除くのではなく、受け容れて向き合えば、のしかかる重みを軽くできるという発見でした。

以前はキッチンで「ながらメイク」をしていましたが、
今はお気に入りのリビングのテーブルの上でゆっくりと。

眠れない日常をなくしてくれた最高の睡眠習慣

一日をリセットするため、また明日元気な朝を迎えるために大切なのが「眠り」。かつての私は、夜遅くにへとへとで帰宅し、テレビを見ながらうとうと……。帰宅後の時間をだらだら過ごし、翌朝も両肩に石をのせたまま仕事へ。この頃から体調を崩しはじめていました。しっかり睡眠をとり、身体を休めることができていなかったのです。

心を整えるために、まずは身体を整える。そのために「質のよい睡眠」は欠かせません。意識的に眠りを整えるようになってからは、同じ時間帯に一定時間の睡眠を確保するようになり、睡眠を整えるための寝具も見直しました。

眠りは自然と整うものではないので、「ＰＣやスマホを触るのは21時まで」「入浴は就寝1～2時間前にし、入浴後は軽くストレッチをして1杯の水を飲む」「お灸とお香に癒されながらゆっくり深呼吸する時間を持つ（10分程度の瞑想なども）」という3つのナイトルーティンも取り入れています。こうして、心地よい眠りへと向かうことができます。

寝具はベージュ系で統一し、落ち着いて眠ることができる空間にしています。ベッドは無印良品のものを長年愛用。カモメ柄の「Brita Sweden」のブランケットは見るたびに可愛くて顔がニコニコに。

1年中使えるリネン素材

カバー／ベッド周りのカバーは、「fog linen work」のリネン素材を愛用。洗濯後のシャリッとした感じや、洗うたびに強度が増し柔らかくなる感じも好き。リネンは熱伝導率が高く速乾性に優れているので、1年中使えます。

寝具は
柔らかいリネン素材で
寝心地も最高

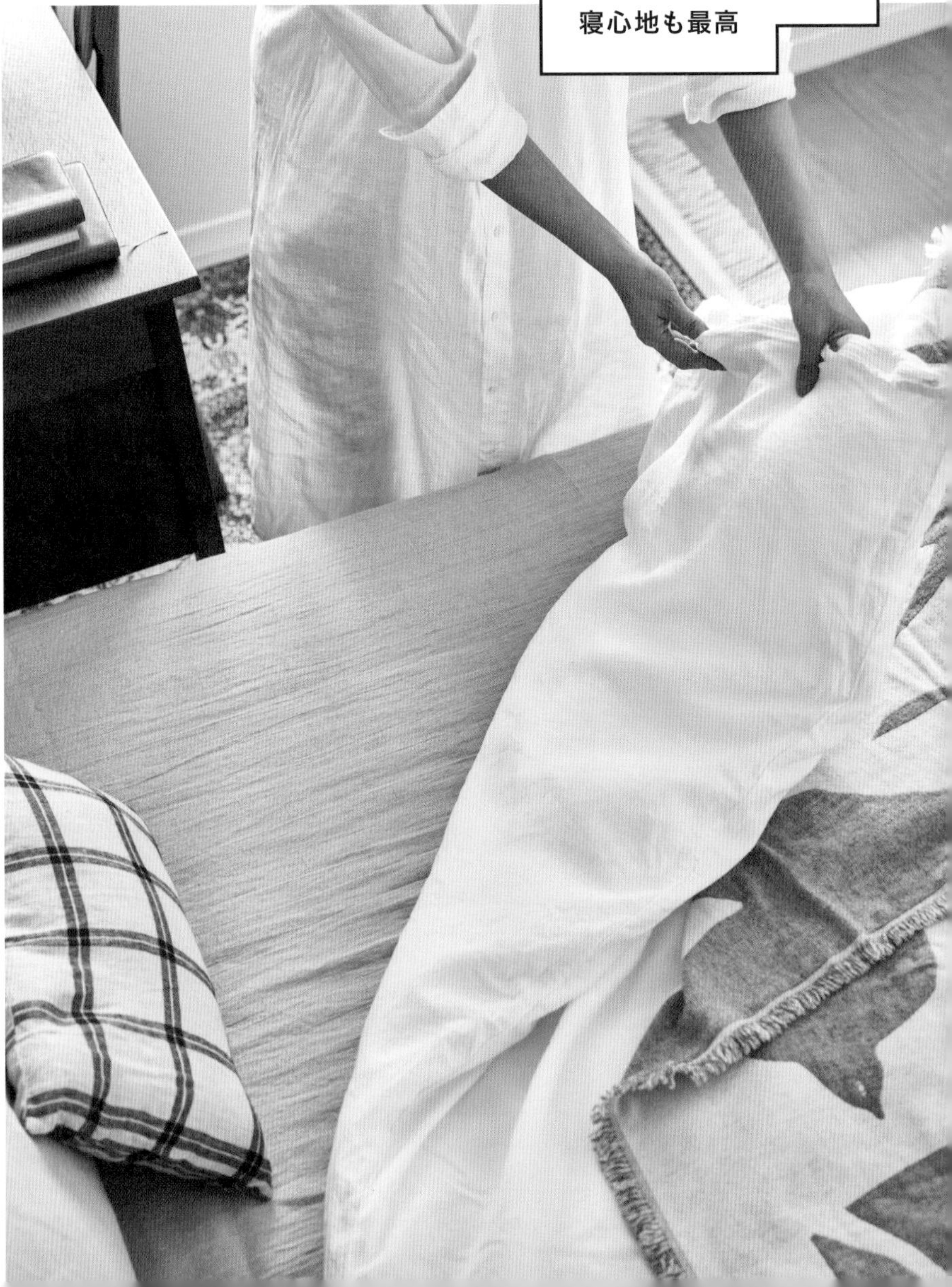

枕／頭痛持ちだった頃は硬くて高い枕が好きでした。でも高い枕は頸椎が圧迫されるので、「NORDIC SLEEP」の枕に買い替え。ほどよい弾力性と復元力があり、ポジションを変えてもしっかり包み込んでくれます。毎晩眠るのが楽しみになります。

パジャマは着心地にこだわって選ぶ

パジャマ／私服と同じくらい長い時間着ているパジャマは、着心地と肌触りにこだわって選ぶようになりました。UCHINO「マシュマロガーゼ」はふわふわで一度着たらもう手放せません。「SLEEPY JONES」はストライプ柄がお気に入り。

心にゆとりができたら植物を育てたくなった

2年ほど前から植物との暮らしを再スタートしました。仕事が忙しすぎた頃、一度大きな植物を枯らしてしまい、「植物を迎えたい」という思いに蓋をしてきました。でも、仕事と暮らしを見つめ直して心と体が整いはじめると、自然と「今なら育てられるかも」と思うようになったのです。

「はじめは鉢に入った育てやすい植物を迎えるといいですよ」と店員さんに教えていただき、悩んだ末、ポトスを連れて帰りました。今では植物も増え、ツヤツヤの葉っぱに元気をもらっています。

他にも、切り花やドライフラワー、枝ものなど花のある暮らしを楽しんでいます。スーパーに旬の食材が並ぶように、お花屋さんにも季節を彩るお花が並びます。暮らしの中にお花があると、不思議と豊かな気持ちになれますよね。

窓を開け、ゆらゆらと揺れるカーテンのすき間から顔を出す植物たち。忙しい時ももちろんあるけど、時にはアクセルを緩めたりしながら、上手に同居していきたいなと思います。

1ℓジョーロは「amabro WATER TANK」のもの。マットな質感で容量のわりにコンパクトなこのジョーロは、室内の植物の水やりのお供です。

シャツはきちんと折り返すより、ラフに折り返すのが好みです。大人のこなれ感が出せる気がします。顔まわりはシワヨレのないトップスが必須です！

年齢とともに変わった おしゃれへの価値観

年齢とともに似合う服が変わり、服との向き合い方も変わってきました。20〜30代前半は、好きなテイストの服や流行りの服を冒険しましたが、着ていてもしっくりこなかったり、箪笥の肥やしになったりと、失敗を繰り返しました。ようやく、自分に似合う服が分かってきたように思います。

洋服を買う時は、自分に似合う条件をクリアしているかを吟味して、試着室で念入りに着心地を確かめます。

まず全体的なシルエットはだぼついた感じは似合わないので、シュッとした感じのものが多いです。フレアーやAラインよりはHラインやボックスシルエットを選びます。袖の感じも、ラフにロールアップできるものに絞っています。

最近避けるようになったのは、リネン１００％のトップス。肌年齢が上がってくると、リネンのシワが疲れたように見えるのです。また、１枚で着る、ゆったりとしたワンピースも好きでよく着ていたのですが、年々、野暮ったく感じるようになり、袖を通すことが減ってきました。

おしゃれで大事なことは、自分が好きなスタイルを知り、似合うものをアップデートしていくことなのかもしれません。私もまだまだ勉強中です。

Column. 2

ひと手間加えて命を吹き込む

昇進したタイミングで購入した、「Toile」の天然石のピアス。すべての工程を手仕事で仕上げた、数少ないアクセサリーの1つ。それなのに……それなのに……片方だけなくしてしまいました。落とした可能性があるところにあちこち連絡してみたり、片方だけ購入できないか問い合わせてみたけど全滅。

1つだけ残ったピアス、どうにかならないかとネイリストの友達に相談したら、思い切って指輪にしてみては？ と提案してくれて、お願いすることにしました。

キャッチ差し込み部（軸の部分）の凹凸をなくすため、ネイル用のドリルで削って指輪に生まれ変わったピアス。片方なくしたのは悲しいけれど、新しい姿で私の元に留まってくれました。

大切なものは、なくしたり壊さないに越したことはないのですが、私は大切なものだからこそ、しまっておかずにたくさん使いたい派。だから壊すことも結構あります。大好きな器が欠けてしまった時も、なんとか手元に置きたくて、金継ぎをしました。生の漆を塗って、乾かして、上から金色を2度塗りしただけの「なんちゃって金継ぎ」ですが、何だかいい味に。処分せずに、形を変えて今もなお食卓を助けてくれています。

Chapter. 3

季節のめぐりに心を寄せて時を刻む

The round of the seasons

季節を感じるアンテナを広げていく

「好き」を見つめた生活にシフトし、小さな変化にも目を向けるゆとりが生まれたことで、季節の変化にアンテナが働くようになりました。窓を開けるとカーテンが風にゆらゆらと揺れ、店先には四季折々の花や食材が並んでいます。ずっと身近にあった「季節の楽しみ」。せわしなくしていた頃は、全く気が付いていなかったのです。

旬の食材を調理したり、手仕事をすることは、身体も心も喜ぶ季節の楽しみ方です。春はグリーンピースごはんを炊き、春キャベツや釜揚げしらすが食卓に並びます。梅雨の時季には梅しごと。夏はやっぱりお素麺で、めんつゆに飽きてきたら胡麻だれやかけるラー油で味変するのがマイブーム。秋はサツマイモ、冬はおでんなど、季節ならではの食事を一度は楽しむようにすると、料理のレパートリーが多くない私でも、食卓にメリハリが生まれます。

切り花はその時季しか楽しめないものを購入しています。春はミモザやチューリップを飾り、家の中に季節を取り込みます。季節感のある空間が広がるだけで、毎日がもっと好きになっていく。季節を楽しめる時間と心の余裕をもっと持つこともこれからの目標です。

大根おろしとたっぷりの釜揚げしらすのごはん。春は新茶と一緒にいただくのが定番です。ただ、のっけるだけのごはんなのに、旬を感じるだけで暮らしが満ち足ります。

春は畳を敷いて、ここでお香を焚いたりします。最近はじめたギターの練習もここで。60センチ角の小さいサイズの畳は、色んな所に移動させて置けるので便利です。

夏仕様の部屋。机にいてもソファにいても、ポカポカの陽射しが当たるように家具を移動します。涼しげな印象にしたいので、夏場はラグはリビングに敷かないように。

四季ごとに模様替えをたのしむ

季節の変わり目には模様替えをします。昔は収納スペースを使いやすくしたり、断捨離をするなど、すっきり暮らす見直しばかりしていましたが、ここ数年で効率的な空間ではなく、心地よい空間作りを考えるようになりました。賃貸の限られたスペースだからこそ、マンネリ化しない小さな変化は必要です。

春のぽかぽか陽気になったら、置き畳を並べて寝転がれるようにします。小さな置き畳を部屋の一角に敷いて、日が沈む夕暮れ時に、お香を焚きながら過ごす時間に癒されます。足元が冷える季節は温かいラグを敷いてほっこりと。床の素材、家具や植物の配置が換わるだけで、一気に四季の空気が流れ込みます。こんな風に四季折々の部屋を楽しむようにしています。

大きな家具まで移動するので、「ひとりで動かしたの？」とびっくりされますが、我が家の家具は実は大型のものはあまりなく、ひとりで持ち運びができる重さです。家具の脚に毛布などの布を忍ばせて、ゆっくりと引っぱればちょちょいのちょい。模様替えをよくする母が、床に傷がつかないようによくやっていました。風通しのいい、実家のような安心感のある部屋になるように、アレコレ考えながら楽しんでいます。

季節のイベントは小さくたのしむ

ひとり暮らしの私にとって、季節のイベントは家族や友達と大きく祝うものだと思っていました。でもだんだんと歳を重ね、家にいる時間も増えたので、おうちで小さく楽しめたらいいなと思うようになりました。

一時期はミニマム思考の流行に乗っかり、〝飾らない〟ことを徹底していたこともあるのですが、でもやっぱり日本という国に生まれた以上、ちゃんと「四季」を感じたいなと思います。3月には上質な紙にお雛様の描かれたハガキを玄関に飾ったり、クリスマスの時期にはツリーのタペストリーを壁に飾ったり。暦に合わせて食卓に並ぶごはんも季節の野菜で色とりどり、小さく四季を楽しむ。たったそれだけで、不思議と生きる力が湧いてきます。生きる力というと重く聞こえますが、一日一日に小さな楽しみをちりばめることで、いつか大きな幸せをお迎えできると願って。

クリスマスツリーを見に行ったり、海へ行ったりはしなくなりましたが、春の桜と秋の紅葉は必ず見に行きます。名所ではなく、近くの樹々ですが、短い見頃を肌で感じることで、移りゆく自然の美しさに心を寄せることができ、豊かな暮らしへと繋がっています。

旬の食材は、スーパーに並びはじめたり、会話に出たりすると買ってきて、味噌汁など普段の料理に取り入れます。秋はサツマイモのポテトサラダ、ふかし芋、大学芋にスイートポテト、ツクネイモの味噌汁と、イモのオンパレードです。

以前は買わなかった切花も買うようになりました。花があるだけで生活が色づき、豊かになります。フラワーベースはいくつか持っていて、花のイメージによって使い分けます。

チェストの上は季節のものを飾る場所と決めています。10月はススキと月見団子を。季節の折々に飾るものを替えるなら部屋の一角に置ける小さなものがおすすめです。ガラスの一輪挿しは夏と春の光の加減で、印象が変わるのでそれも楽しみの1つ。

我が家に同居している小さなムーミン。玄関に置いて、四季折々のアイテムと組み合わせて飾っています。写真のサンタの洋服はフェルトでちゃちゃっと作ったのですが可愛くて気に入っています。お正月には小さな畳に座らせたりします。

季節の飾りは
パパッと気軽に模様替え

一緒に時を刻む、季節の飾りもの

クリスマスが近くなると、イラストレーター・福田利之さんのタペストリーを掛けます。場所を取らないし、収納する時も楽々。毎年アイロンをかけるのですが、その手間も何だかいいのです。冬がきたなぁと感じる瞬間です。

ベランダは自分だけの特等席

ある秋の黄昏時、洗濯物を取り込もうとベランダへ出たら、太陽と月の光が交わるように夕陽がキラキラと輝いていて、思わず「うわ〜」と心の声がこぼれました。秋の黄昏時は短く、あっという間に暗くなるので、急いで折りたたみチェアを持ってきました。この日をきっかけに、こぢんまりとしたベランダ時間を覚えました。

ベランダの奥行きは80センチほどなのでそんなに広くはないけれど、私にとっては十分な空間です。ベランダは大切に育てている植物たちの居場所でもあります。椅子とランプを置くだけで、まるでリビングのような空間が仕上がりました。

朝は鳥のさえずりをBGMにモーニング。おやつを買ってきて珈琲片手に本を読んだり。開放的な気分で、グラスを傾けたくなる夜は、イヤホンでJazzを聴いたりして。

天気がよいととりあえずベランダに出ることが多く、ベランダでの楽しみ方はまだまだレパートリーがありそうです。聞こえてくる音、見える景色、射し込む光、「いつも」の珈琲が何倍も美味しく感じられます。家の中にマンネリを感じてきたら、ぜひ外のリビングを試してみてください。

ベランダの前で、ただただボーッとする時間。見るだけで心がほっ。1日のはじまりにここに座ると、今日も健やかに過ごそう、と肩の力が自然と抜けます。

夜に折りたたみチェアをベランダに出せば、おうちでカフェ気分。夏はレモンの砂糖漬けをソーダで割って、夜の風を感じながら飲むと、なんともいえない特別な時間に。充電式で小型のパンテラは持ち運びしやすいので、ベランダで過ごす時に連れていきます。

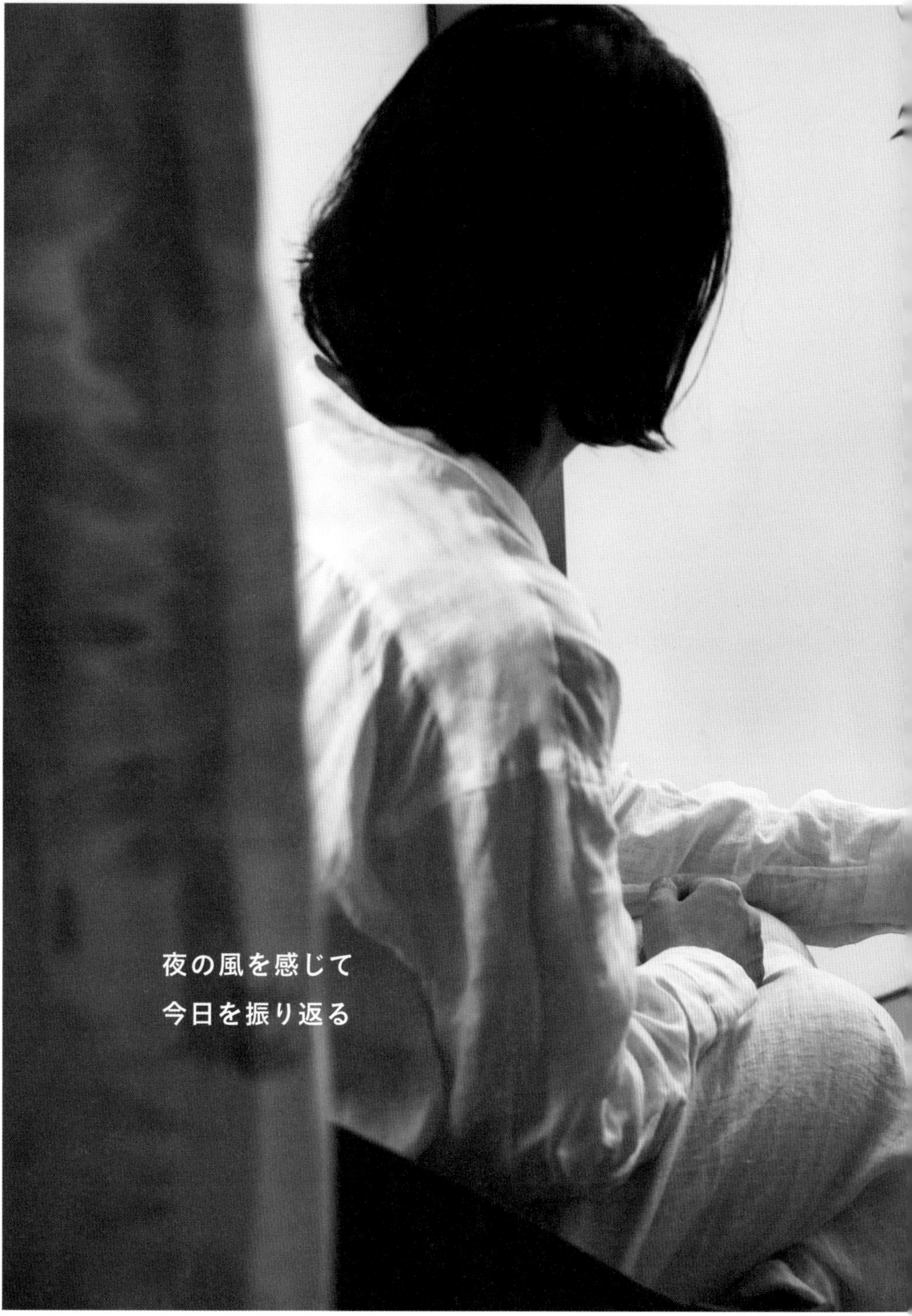

夜の風を感じて
今日を振り返る

Column.3

身体が喜ぶ「食べる順番」

健康を維持するために、自分なりに食べることの勉強をするようになりました。そこで気付いたのが、食べるものの内容も大切ですが、それと同じくらいに「食べる順番やタイミング」がとても大切だということ。

食事をする時は、血糖値の急上昇を抑えることを一番に考えて、野菜から食べるようにしています。空腹時に炭水化物や甘いものなどを食べて血糖値が急上昇すると、太る原因になったり、疲れや眠気の原因に。

まずは野菜やきのこ、海藻類などの副菜、汁もの、それからお肉やお魚などのたんぱく質のおかず類、最後に主食のごはんやパンを食べるようにしています。食事をすると必ず血糖値は上昇しますが、急に跳ね上がらないように、順番に注意して。食後は血糖値が高い状態が続くので、軽く歩いたりして血糖値が下がるようにサポートしています。

朝食は一定の空腹時間を保つために食べないことも多いのですが、食べる時は軽めに。夜は炭水化物を控えるようにしています。

栄養士さんのように細かく計算して食事を作ることはなかなかできないので、自分のできる範囲で、続けられる「食べる管理」を。食べる順番に気を付けるだけなら、簡単に実践できて調子が整うのでおすすめです。

Chapter. 4

乱れやすいココロとカラダに、ちょっといいコトを

My mind and body story

よかれと思っていたことが自律神経を乱していた

ぐっすり眠れない日が続き、身体は疲れやすく、お腹の調子も優れなくなりました。そんな不調が続いたので検査を受け、「自律神経の乱れ」を指摘されました。自律神経とはなんぞや……。

調べてみると、呼吸や心拍数、内臓の働きや血液の流れなど、生命を維持するために起きている時も寝ている時も働き続けている神経系のことをいうそうです。乱れた自律神経を整えるためには、「当たり前と思うことを毎日続けること」が大切だと病院で言われました。それからは、リラックスした状態で音楽を聴く「音楽療法」を続けながら、少しずつ自分で暮らし方を整えていきました。

色々な本も読み漁り、一日過ごす中で交感神経と副交感神経がそれぞれ優位になる時間帯があり、それに沿った暮らしをすることが、自律神経を整えることへの近道だそうです。つまり夜寝る前に、ガツンと珈琲を飲んだり、起き抜けにダッシュをしたりすることは、あえて自律神経を乱していると知りショック……。そこでまずは、朝は朝らしく、夜は夜らしく過ごし、しっかり食べてとにかく寝て、乱れた自律神経を整えることに全力を注ぎました。

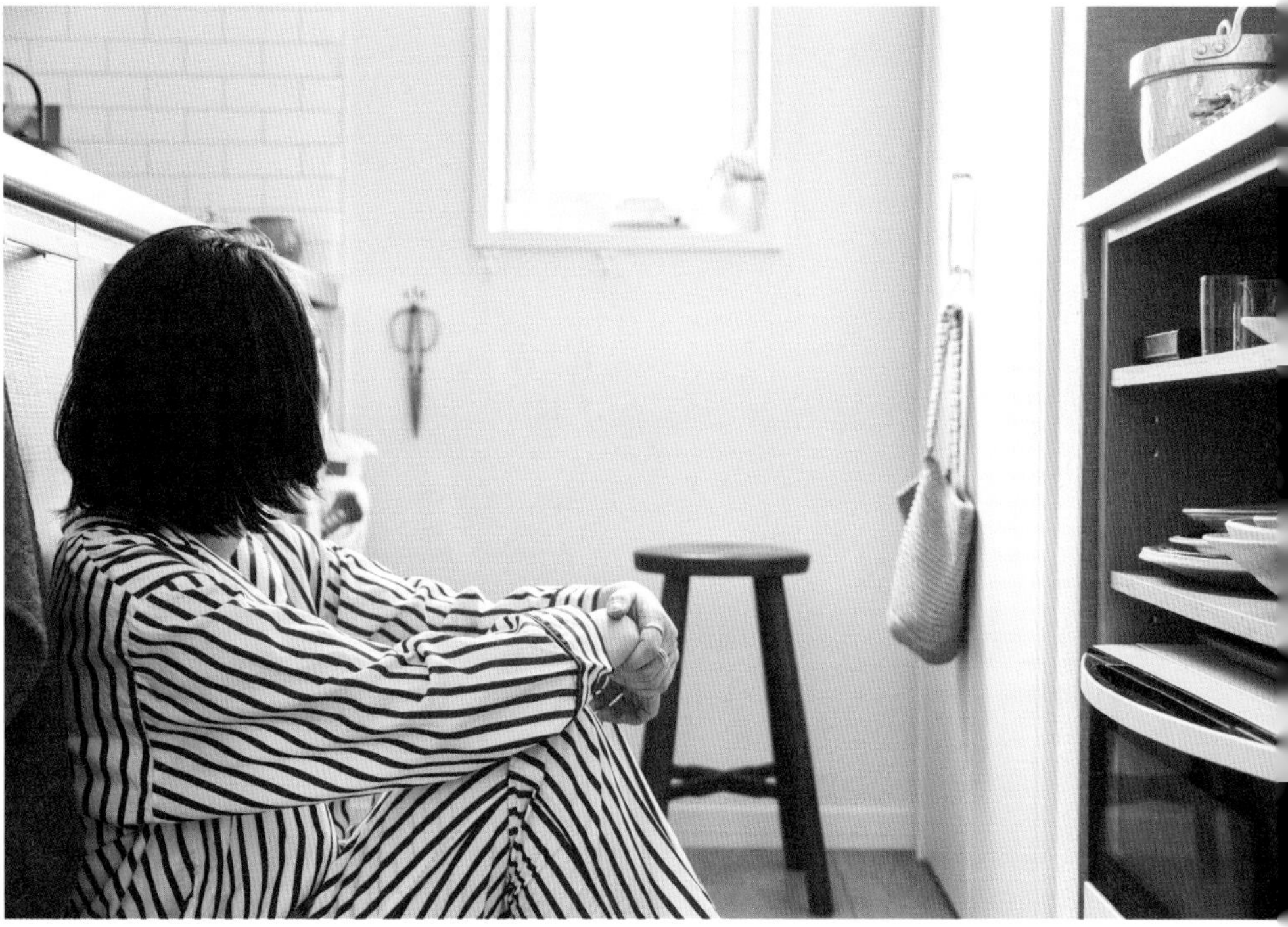

朝はただボーッとするだけの時間をあえて作っています。6時40分になったら手を止めて座り、ゆっくり呼吸。朝のこの時間はつい加速気味になるので、一旦ニュートラルに戻してからギアを入れ直す、そんな作業です。

自律神経を整えるために
暮らしに取り入れた5つのこと

はじめは、朝は朝らしく、夜は夜らしく過ごし、
しっかり食べてとにかく寝て
乱れた自律神経を整えることに全力を注ぎました。
最近では、いかに乱さないで過ごすかのために
5つのことを意識しています。

No. 1

Subject. 時間

毎日の時間の過ごし方、予定の立て方を見直し、悩み考える時間を減らすことでイライラを軽減。

- 詰め込みがちなToDoを
  緩やかに設定
- 休日も平日と同じ時間に起きて
  リズムを崩さない
- SNSは心が乱れるツール
  時には距離をとる
- 必要な情報は
  すぐ見つかるようにしておく

No. 2

Subject. 日々の暮らし方

小さなルールを作り、暮らしの中で選択肢を減らすように心がけています。

- 日々の家事は完璧でなく
  最低限に
- 持ち物を見直して減らす
- 通勤服はパターン化
- テーブルなどいつも見える
  場所は綺麗を保つ

No. **3**

Subject.
感情

イライラすることがあっても、感情を沸騰させて爆発しないように気持ちの切り替え方を見直しました。

- **怒りは腹でおさめ、頭まで上げないと決めておく**
- **会話をすると感情が乱れる人と話す時は1歩下がる**
- **悩みや心配事は長く考えない。ノートに書いてノートは閉じておく**

No. **4**

Subject.
仕事

「朝・昼一・終業前」と3つの時間にやることを決め、メリハリを。

- **メールに返信する時間を決めそれ以外の時間は他のことに集中**
- **始業10分前着席**
- **仕事が終わる度にデスクをリセットする**
- **ToDoリストは毎日書く**
- **昼一はやりかけの仕事からはじめる**
- **終業前ラスト1時間は頭を使う仕事をする**

No. **5**

Subject.
自分を守るためのルール

ちょっとしたことでぶれてしまう自律神経を守るルールを作りました。

- **車が来たら必ず譲る**
- **ガソリンメーターが半分になったら満タンにする**
- **手土産はコレかコレ、外食はあそこかあそこ**
- **欲しいものはリスト化して、悩んだり何となく買い物したりしない**
- **先の予定は立てない**
- **お財布の中を毎日確認する**

毎朝、鉄瓶のやかんで沸かすお湯も、慌てず丁寧に。水道水を沸騰させ、弱火で15分ほど沸かすとカルキが抜けて、まろやかな白湯が作れます。やかんは東屋の「水沢姥口小」。鉄分を含むので貧血予防にも効果的です。

一日を穏やかに過ごすために朝は余白の時間を作る

家を出る時間と、やるべきことが決まっている朝は、バタバタして焦りがちです。あえて「余白の時間」を作ってみようと思い、本を読んだり、書きものをしたり、ストレッチをしたり、ちょこっと掃除をしたりする時間を作ってみました。余白の時間があるだけで、落ち着いて心穏やかに一日を過ごすことができるのです。

余白の時間を作るには、まず「やるべきこと」（支度や家事など）と「やりたいこと」（読書やストレッチなど）を分けて考えます。そして出発時間から「やるべきこと」にかかる時間を逆算して、やりたいことを行う時間を見つけます。そうすると、起きる時間が決まってきます。朝は４時半に起きるので、６・５時間寝ることを考えると、夜は22時にはベッドに入らなければなりません。

「やらないこと」を見つけるのも重要です。例えば洗濯物は夜に洗って干すことにして、朝はタオルを畳んだり、インナー類をしまう程度にしたら、「出かける前に干さなきゃいけない」という焦りから解放されました。そして、朝はＳＮＳは極力見ないように。発信するだけにして、何となくスクロールしたりしないようにしています。ＳＮＳをダラダラ見ていると、あっという間に10分、20分と過ぎてしまうので……。

やるべきことも、やりたいことも、動作はゆっくりと。やかんを取る動作、ベッドメイクする動作、珈琲にお湯を注ぐ動作、植物を観察する動作。一つ一つの動作を慌てずにゆっくり行うことで、焦る気持ちがほぐれ、バタバタになりがちな朝を優雅に過ごすことができます。

朝時間に「やりたいこと」

ストレッチや本を読む時間を作る

「やりたいこと」は、ストレッチや本を読むこと、ジョギングやウォーキングなど。やらなくても出社はできるけど、やることで心と体が整い、調子よく1日を過ごすことができます。

ジョギングは今では習慣になっています。取り入れてみて調子がよくなれば、自然とそれを行う時間を作るようになります。

朝時間に「やるべきこと」

生活に必要なことは淡々と

朝の「やるべきこと」は、身だしなみを整えたり、食事をしたり、ちょっとした家事をしたりと、生活をする上で必要なこと。ルーティン化して淡々とすませます。

植物をチェックして水をあげるのは、お湯を沸かしている時間に行います。日当たりや湿度など、植物が好む環境は季節によっても変わってきます。生き物を育てることは、大切な「やるべきこと」の1つ。

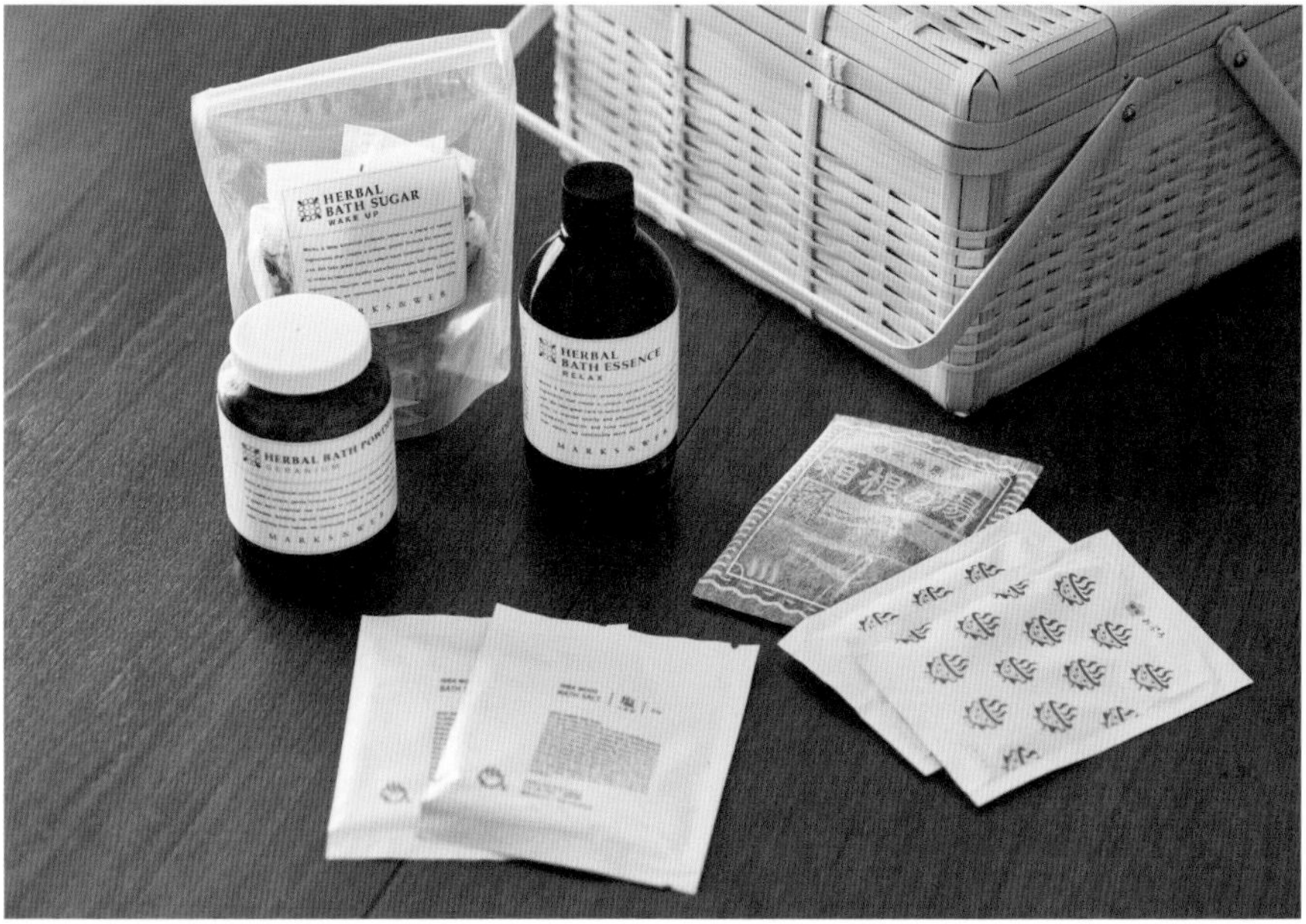

入浴は大切なリセット時間。浴室は何の誘惑もない場所なので、必然的にくつろげています。
お気に入りの入浴剤は「MARKS & WEB」のバスソルト。

空っぽにして、明日へ
夜は一日をリセットする

夜は「今日一日を手放す」ことを心がけています。一日過ごせば、色々なことがありますよね。すべてを抱えていたら潰れてしまうので、自分のキャパシティを超える前に手放す努力をしています。

「放下着（ほうげじゃく）」という禅語があるのですが、これは今生きているその瞬間に一生懸命になるために、その瞬間以外のことは、何もかも手放す、という意味だそうです。辛かったことだけではなく、嬉しかったこともすべて手放し、空っぽにする。心に余裕がない私には何だかとってもしっくりきた言葉でした。そうやって、昨日から今日へ、今日から明日へと繋がっていく「日々」を軽やかにするために、ナイトルーティンで心をリセット。

帰宅したら、まずバッグの中身を整理して、要らないものを片付けます。テーブルの上に何かあると雑然とするので、何もない平らな状態に片付けておくのも心を軽やかにするには大切なこと。好きな入浴剤を入れてゆっくりと湯船に浸かり、芯まで身体が温まると、不思議と頭も心もリセットされていきます。そして、寝る前に10分間の瞑想を。

体内の深部体温が下がると眠気が生じるので、入浴直後ではなく、体温が下がってからベッドに入ります。睡眠はすべてのリセットボタン。よい睡眠をとって、新しい明日へと繋げていきます。

朝と夜寝る前に10分間の瞑想を

SNSや周囲の人の話などを見聞きしていると、色々な情報に流されて自分を見失いがちですよね。頭をリセットして今の自分の気持ちや身体にしっかり目を向けるために、朝と夜に10分間だけ「瞑想」を行っています。

目を瞑ると、昨日や今日の出来事や、やるべきことなどが溢れてきますが、それをしないのが瞑想です。不安や緊張、イライラなどを鎮め、心の落ち着きを取り戻し、優しい気持ちになれます。瞑想にも色々な方法がありますが、私は「マインドフル瞑想」をしています。気が散らないようスマホは遠ざけて。ベッドやラグの上に座り、目を瞑ってゆっくり大きく腹式呼吸を繰り返していきます。短い時間でいいので、瞑想は習慣化することが大切です。

瞑想している時は、手にお灸をします。癒しの香りに包まれながら、不安や悩みごと闘う力も養ってくれるようで、瞑想とお灸のセットは心を落ち着かせるのにとてもよいのです。

不安やいらだち、心配、怒り、妬みなどの負の感情に振り回されないように、フラットな状態に戻す習慣。義務ではないので、それ自体が重荷にならないよう、柔軟に続けていけたらと思います。

瞑想をしたからといって、必ずしも心が軽くなるわけではありません。でも、集中できない日ややもやもやする日もある、という変化に気付けることも、瞑想の効果です。

瞑想は朝と夜寝る前の10分間に取り入れています。夜の瞑想では目を瞑ると、今日あった出来事や、明日やることが溢れるように湧いてきますが、それをしないのが瞑想です。

「書店おすすめコーナー」を見るのも好きです。取り上げている本でその本屋さんとの相性が決まる気がします。新刊でない本は再会できる可能性が低いので、気になったら買うようにしています。

付箋だらけのお気に入りの7冊。本は図書館で借りたり古本屋さんに持って行ったりして循環させますが、これは手元に置いています。その中の1冊、『純喫茶とあまいもの』に掲載されている喫茶店を巡るのも楽しみの1つ。現在、11店舗制覇しています。昔ながらの喫茶店を巡るのが大好きです。

本を読むこと、綴ることから心の器を育てる

本屋さんをウロウロする時間が好き。紙の匂い、めくる音も楽しみたいので、紙の本を買い続けています。洋服を買う時は「一旦保留」にすることも多いのですが、本は別。本の読み方は人それぞれあると思うのですが、私は気になるジャンルがあると、手あたり次第多読します。栄養、禅、自律神経、暮らし、ジャンルは様々です。人生で体験できることには限りがありますが、本を読むことで、自分とはまったく異なることに大きな時間を注いできた著者の人生を見ることができます。そして、ありがたいことにそれを自分の中にインプットし、それを人生の糧として生きていくこともできます。読みっぱなしにせず、必ずノートに書き留めるように。インプットとアウトプットは3：7の比率が最も効率的に記憶できると言われています。

本を読みながら心が動いたことや、これからの自分を支えてくれそうな言葉に出会ったら、付箋を貼り、鉛筆で印をつけながら読み進めます。正しいかどうかは分かりませんが、私の場合、読む順番は、必ずしも1章からではなく目次を見て直感的に好きなところから読みはじめ、何章か読み終えたらノートにメモ。仕事を通して学んだことは仕事にしか活かせないことが多いですが、本から学んだことは生きていくことすべてに活かせます。どんなに感銘を受けたことでも明日には忘れてしまうかも。だからこそ、その瞬間に感じたことをアウトプットするのは大切です。

マイナス思考になっていても、人に迷惑をかけなければそれでいいと思っていました。でも、やっぱり「自分」をもっと大事にしないと！　お花でも飾って、自分のご機嫌をとります。

「まいっか」作戦で気持ちをリセット

根はネガティブ思考なので、仕事で何かあるとすぐに落ち込むし、ちょっとしたことを寝るまでずっと考えてしまいます。でも、この先の人生後半も、悩みや不安なことばかり考えて生きていくのはもったいないな……と思うように。

どうすれば考えすぎから抜け出せるかポジティブな知人に話を聞いたり、自己啓発系の書籍を読みました。すると、生粋のポジティブ思考だと思っていた人も、自分なりのマイルールを作って、落ち込みそうな自分の心をコントロールしていると分かりました。私もマイルールを作ってみようと、「まいっか」とやり過ごす作戦を決行です。

仕事の悩みは玄関に入るまでにポイッと捨てます。マイナスなことを考えていることに気付いたら、その場で「まいっか」とリセット。切り替えられない時は、喫茶店に寄り道したり、両親や親しい友達に電話をしたり。うまく切り替えられなくても続けていたら、次第に後ろ向きな思考のクセが変わっていきました。

以前は人との関わりなど、自分の力ではどうしようもない辛いことがあった時は、「流されまい」と踏ん張って、疲れ果てていました。でも最近は、流れに逆らわず、そこで咲けたらなお幸せ、時には流されてみるのもいいなと。アレも、コレも、「まいっか」。声に出して言ってみると大抵のことがスッと剥がれていきます。

肌糖化抑制のための生活習慣を見直す美容法

スキンケアには疎く、ある時Instagramで「#おこもり美容」というハッシュタグを見付けました。これを機に頑張ろうと思ったのですが、美容関係で働く知人に「本当にやる必要ある？」とズバッと言われました……。よい成分で作られたものを重ねる美容が一番だと思っていましたが、知人の一言でキキーッとブレーキがかかり、本当に必要な美容法は何なのか、しっかりと考えてみることにしました。

例えば、朝の洗顔は、ビオデルマというクレンジングウォーターをコットンに染み込ませ優しく拭き取る。私の場合、朝の洗顔は寝ている間に顔に付着したホコリなどを取ることが目的なので、これで十分。じゃあ、無理に洗顔料などをプラスする必要はないな……と、気が付きました。

それより、「肌糖化」という言葉を聞くようになり、これが進むとシワやくすみ、シミとなって現れるそうで生活習慣を見直す美容法をはじめました。なので、玄米や果物などなるべく低ＧＩ値食品を食べ、食べる順番にも気を付けます。カラダの健康のために心がけていることが、糖化の抑制に繋がり美容効果も十分に期待できるとは、一石三鳥です。

自分に合うものを使っていれば、これ以上プラスする必要はないと分かり、食事で内側を整えること、しっかりと睡眠をとること、よく笑うこと、たくさん汗をかくこと、俯きスマホ時間を減らすこと、私にとってのスキンケアは日常に溢れています。

スキンケアはシンプルに。ただ食生活には気を付けています。年齢とともに減ってくるエストロゲンを補うために、イソフラボンを多く含む豆腐や納豆などの大豆製品は毎日欠かさず食べて、髪と肌のアンチエイジングを心がけています。

身体の中から「綺麗」を目指す私の食べ方

食べ物から不足する栄養素をいただく

酢は食欲を増し、酢に含まれるクエン酸はミネラルの体内吸収量をUPしてくれてイライラ防止にもなるので、酢の物は進んで食べます。また最近、コンソメを玉ねぎ麹に替え、腸内環境改善に繋げています。

寝つきを促す夜のヨーグルト

ヨーグルトは、副交感神経が働く夜に食べます。寝る時にヨーグルトに含まれるトリプトファンというアミノ酸が身体の中にあると、寝つきがよくなります。

身体を温めてくれる温野菜。一部の野菜は加熱すると栄養素が吸収されやすくなると知り、生野菜より積極的に摂るようにしています。野菜のビタミンCやEは冷え性にも効果があるようで、手足の冷えやすい私には一石二鳥です。

眠る前にアロマキャンドルとハンドマッサージをしてリラックス。好きな香りに囲まれると寝つきがよくなりました。

9年間悩んだ私の頭痛

20代の頃からずっと、頭痛に悩まされてきました。来る日も来る日も頭痛薬が手放せず、頭痛に振り回される日々を送ってきました。

頭痛外来ですすめられたことが、自分の頭痛がどんな時に起きているのか「頭痛日記」をつけることでした。やることは、その日あった予定を書き、頭痛があった日に印を付けるだけ。書いていくと、1ヶ月のうち2週間は頭痛に悩まされていることが分かり、頭痛の起こる周期が見えてきたのです。友人との約束や美容室の予約など、頭痛が起こりそうな日には予定を入れないことを心がけました。キャンセルして人に迷惑をかけるかもしれないという「無駄な悩みごと」が一つ減りました。

それほど悩んでいた頭痛ですが、ある時からだんだんと頭痛の回数が減っていったのです。一生付き合っていくものだと思っていたのに何がよかったのか考えてみると、「THEのつく健康法」が効果的だったことに行きつきました。満腹にならない、夜は控えめという食事法。寝つきをよくするためにはじめた瞑想やウォーキング。眠りの質を上げる。もちろん、頭痛を改善しようと思ってはじめたことではなかったので、一概にこれらが頭痛に効果的とは言い切れません。でも、頭痛日記で体調の変化を見える化したことで、頭痛の周期や症状の改善が何となく実感できて、心がかなり軽くなりました。

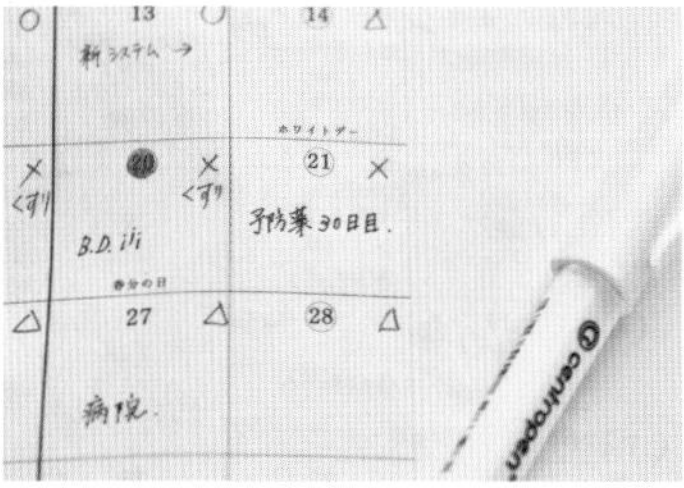

医師にすすめられてはじめた、頭痛がどんな時に起きるのかを綴る「頭痛日記」。それまで頭痛が起こった時は、くすりを飲んでコントロールしていましたが、くすりは根本的な治療にはなりません。体質改善でよくなったのだとしたら、こんなに嬉しいことはありません！

温かい飲み物で「負の流れ」を断ち切る

イライラして作業を急いでいると、仕事の効率やクオリティは激下がりです。急ぎながら雑に書いた自分の文字を見て、後から「なんて乱暴な、ひどい字……」とガッカリしたり、慌ててミスをしてしまったり。これが続くと、自律神経が乱れて気持ちも落ち込んできます。

イライラが呼び起こす「負の流れ」を断ち切るために、一杯の温かい飲み物は効果抜群。私は会社と自宅に、紅茶や緑茶などすぐに作れるティーバッグタイプの茶葉を常備しています。温かい飲み物がスーッと喉を通ると、「よし、落ち着いていこう」とエンジンをかけ直して、負の流れから抜け出すことができるのです。また、温かいマグカップを握っていると、手が温もるからか、少し気持ちに余裕ができる気がします。

その他にも、ちょっと疲れてきたなという時は、ゴルフボールをコロコロして土踏まずを刺激。血行がよくなるので、疲労回復や足のむくみ、イライラの解消など様々な効果があるようです。これはタイピングしながら手軽にできるので、デスクワークの皆さんにおすすめですよ。ボールが転がっていかないよう気を付けながら、コロコロしています。

頭痛や肩こりに悩んでいた時に職場の人がゴルフボールをくれて、それからすっかり習慣になっています。足裏マッサージ用のグッズも販売されているようですが、ゴルフボールは手軽で効果抜群。

Column.4

悩んで買い替えた ひとり掛けソファ

時々母が泊まりに来ることを考え、ベッド代わりになる3人掛けソファを置いていました。でも、その機会は訪れず、気付けば着替えやバッグ、郵便物などの置き場所に……。ソファとして使っていないことへの後ろめたさが膨らんでいきました。

ソファで「すること」「したいこと」は何だろうと改めて考えてみると、「読書」「珈琲」「くつろぐ」こと。これをするためならひとり掛けソファでもいいかな。大きな家具の入れ替えは勇気がいりましたが、少しでもよい状態で他の方に使ってもらおうと手放しました。ひとり掛けソファは「ライフスタイルが変わっても長く使い続けられそうなもの」にフォーカス。実店舗へ足を運んで店員さんに相談しながら、座り心地、お手入れの仕方や補修、掃除の時に動かせるかなど、実際にやってみて、半年間ほどじっくりと検討しました。

そうやって選び抜いて我が家に迎えたのが、「ligne roset ROSETTOGO」です。幅870mmのソファは、2つ並べると3人掛けサイズになり、コーナータイプもあるので形を変えることもできます。ファブリックの張り替えもできると聞き、これだと思いました。小さくアップデートされたソファに座り、今朝も1杯の美味しい珈琲を飲みます。

Chapter. 5

経験を重ねて気付いた、ちょうどいい幸せ

Enjoy being alone

思い切り泣いてがまんを解放することも。家族、お年寄り、動物などのヒューマンドラマ（邦画）など、自分が経験したジャンルは感情を置き換えられるのですぐに泣けます。

ひとり暮らしに隠れていた たのしい光

ひとり暮らしをはじめて間もない頃は、「憧れのひとり暮らし」を手に入れ豊満の日々を送っていましたが、その暮らしにも慣れてきた頃、とてつもない寂しさに襲われました。肩を並べ歩いている人、賑やかに食事をしている人、指をくわえて見れば見るほど眩しくて〝なぜ自分には光が当たらないのだろう〟と落ち込む日々でした。でも、少しずつ暮らしというアンテナを立てることができるようになり、自分を照らしてくれている光の存在に気付くこともできました。「ひとり」だからではなく、「ひとりを楽しもうとしていない」ことに寂しさが隠れていたのです。朝に心を込めて珈琲を淹れること、夕日が射し込む窓ぎわでたそがれること、当たり前の日常も今となってはひとり時間の楽しみです。

ただやはりもやもや寂しさに満ちる時もあります。そんな時に効果的なのが、がまんを解放すること。がまん解放の日と決めたら、健康的な食事をと控えていた、モスバーガーの私のイチオシのオニポテやチリドッグをいただきます。少々の罪悪感はあるものの、ストレス解消だからよし。それに夜通しお笑い番組を見て、思いっ切り笑います！　もやもやした気持ちになるのは仕方がないことなので、うまく自分の機嫌をとって、平常運転に戻していきます。

私の もやもや解消法

汗をかく。ちょっとしっかりめに運動するとスッキリ。

映画のサントラや懐メロを聞くと、いつのまにか鼻歌が。
音がないと嫌なことを考えるのでそんな時は音楽の世界へ。

小さな片付けをする。見えないところが整っていると気持ちが整います。

自分なりの解消法があれば「ひとり暮らしはいいな」と立ち戻れる

もやもや解消法は、がまんを解放することの他にも色々と持っています。引き出しなど小さな場所の片付けをしたり、普段よりちょっとハードな運動をしたり、いつもより早く寝たり。その時に効きそうなことを取り入れます。

がまんを解放する時は、
インスタント食品を食べることも。

夜な夜な
明日のたのしみを仕込む

「明日の朝は仕込んだフレンチトーストを焼こう！」と考えながら眠りにつく夜がとても幸せです。時々訪れるカフェには、１ヶ月に１度だけフレンチトーストが出されるモーニングＤＡＹがあります。染み染みのふわとろフレンチトーストの秘訣をオーナーに尋ねてみたところ、前夜から心を込めて仕込んでいるとのことで、さっそく私もマネしてみようと思いました。夜な夜な冷蔵庫から牛乳や卵を取り出していそいそと準備する時間はたまらなく至福です。

〝明日の楽しみを作るから楽しい明日がやってくる〟、夜が明け明日がくるのは、当たり前のことですが、明日の楽しみを作るからこそ、楽しい明日がやってくるような気がしています。自分のためにフレンチトーストを仕込むという作業は、単純なことですが、決して美味しいだけではなく、明日への楽しみ作りになっています。

　私は極力寝る前に、リビングやキッチンをリセットするようにしています。朝一番に散らかったリビングを見てがっかりしないようにとすっきりした空間を仕込んでいるのです。他にも、お味噌汁の出汁をとったり、ぬか漬けをつけたり。毎日が楽しそうとよく言われますが、私の明日は「美味しく楽しく生きるための仕込み」で作られているように思います。

ふわとろフレンチトーストのレシピ

卵1個、牛乳・生クリーム各50cc、砂糖大さじ1と1/3、バニラエッセンス3滴をすべて混ぜ合わせ、パンを入れてひと晩浸します。バター10gを溶かしたフライパンで焼き色がつくまで中火で焼きます。ひと晩浸しておくと、上下を返してから蒸し焼きにすると中に染み込んだ卵にもしっかりと熱が入ります。お好みでバターやシロップをかけて。

無音の中に身を置く。何か大きなものを手に入れるというより、不要なことを手放す力が身に付いたように思います。心だけでなく、お部屋が片付かない時にも効果あり？

時には無音の中に身を置いてみる

一日のうちに、数分でもいいので「音のない時間」を作るようにしています。以前は、眠っている時以外に音のない時間というものがありませんでした。SNSだったり、テレビだったり、音楽だったり、いつも何かしら音に囲まれていました。

音のざわつきと心のざわつきは深く関係しているように思います。欲しいものがあると、どこか落ち着かなくてそわそわ。くよくよ悩んでいる時は、食べ物の味がしないほどダメージを受けます。見栄や物欲、手放したい雑念。少しでも身軽に生きていくためにも、感情や思考や行動を整理する力は必要ですよね。その力が、まさに無音の中で養われるように思います。

私は「瞑想」の時間を無音にしてみました。瞑想をしながら無音の中に身を置くと、絡まった心の糸がスーッとほどかれていくのを感じます。音のない時間を作るために組み合わせたというより、瞑想をはじめてから無音の大切さを知ったのかもしれません。静寂がちょっと怖いな、という時は、テレビを消したり、スマホの電源を切るなど、「音を減らす」だけでもいいと思います。

それまで、「音がないと寂しい」と思っていたのですが、それは違いました。本来の自分を見ようとしていなかったから、誰かや何かと繋がっていると安心する気がしていたのです。心の余裕は、年齢とともに自然に身に付くものではなく、意識して自分で作っていくものだということを、音のない時間を通して知ることができました。

デジタルデトックスで時間が生まれる

珈琲を淹れては写真を撮り、角度を調整してはもう一枚……と、SNSに綺麗な写真を投稿するために毎日ひたすら撮り続けていた頃。食べるために作るのではなく、投稿するために作っていたのかもしれません。

やはり珈琲はちょうどいい温度で湯気と一緒に飲みたいし、ごはんもでき立てが一番美味しい。それよりも「撮ること」を優先するのは、何だか残念な感じでは……？　そう感じてから、撮る時は撮る、食べる時は食べると、メリハリをつけるようにしています。

スマホを見る時間や触らない時間を決めるのも効果的。私はある時から、「何となく見る」のをやめました。朝は自分が投稿する時だけ、夜は21時までと決めています。

出先でもスマホは見ないように。喫茶店やレストランで注文したものを待っている間、つい手持ち無沙汰でスマホを触りがちですが、憩いの時間にいつでもどこでもできる「スマホの画面を見る」のはもったいない！文庫小説を持ち歩いてしばしその世界に没頭します。

滝のように流れてくるニュースに翻弄されないよう、情報は自分から取りに行きたいもの。そうすることで自然とネガティブな情報に触れる機会が減り、情報の渦に飲み込まれるというリスクも減らせます。

スマホは21時以降はアプリにロックがかかるように設定しています。iPhoneは「設定→スクリーンタイム→休止時間」、Androidは「設定→Digital Wellbeing」で設定できます。

Kalita

幸せを運んでくれる おうち喫茶

お湯を注ぐとぷくぷくと膨らみ、見ていて楽しい珈琲。ぽとぽとと落ちる音は、聞いていて楽しい珈琲。さらにアロマの香りが嗅覚に幸せを運びます。自宅で丁寧に一杯の珈琲を淹れれば、そこはもう、「おうち喫茶」。手廻しのコーヒーミルを買ってはじめて家で挽いて淹れた時の美味しさは、小躍りしたくなるほどでした。もともと珈琲は大好きですが、自粛期間をきっかけに、スケールやドリップポットなどなど、美味しく淹れるための本格的な道具を少しずつ揃えるようになりました。

珈琲豆は、インドネシアマンデリンやエルサルバドルの中深煎りから深煎りが好み。酸味が少な目で、コクがあり、少し苦みがあるのが好きです。

普段はペーパーフィルターを使っていますが、丁寧に淹れたい時はネルドリップにします。ペーパーフィルターよりもコーヒーの微粒子をしっかりと取り除くことができるので、舌触りのよいまろやかな味が楽しめます。布フィルターを毎日使う場合は、水を張ったタッパーなどに入れて保管するのが理想ですが、私は時々しか使わないので、濡らしてから冷凍保管しています。珈琲の表記には「珈琲」「コーヒー」「COFFEE」と色々あって、その文字を見るだけでワクワクします。中でも私は、喫茶店の空間を彷彿とさせる「珈琲」という文字が好きです。

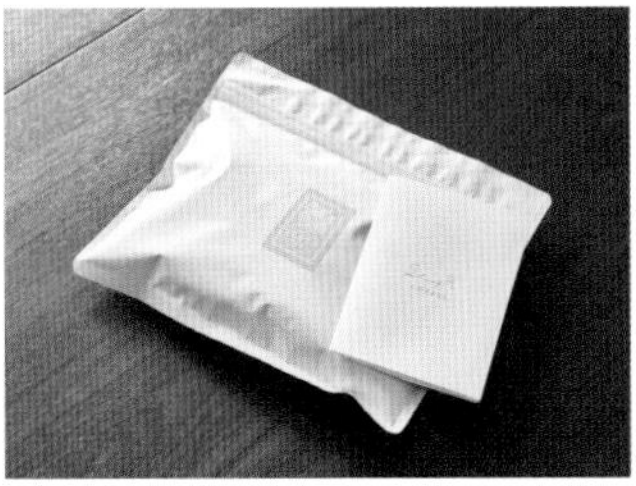

珈琲の淹れ方は、福岡市東区にある「Sleep Coffee and Roaster」さんのレシピを参考にしています。豆15g、86℃のお湯220cc、これを2分30秒かけてゆっくり淹れるレシピです。

見てたのしく
揃えてたのしい珈琲

1杯の珈琲のために
珈琲道具を揃える

珈琲道具を少しずつ揃えるのも楽しみの1つ。はじめて買った珈琲道具は、デロンギの白いコーヒーメーカーでした。それからスペシャルティコーヒーのことを知り、手廻しのミルを買って自宅で淹れたのが原点です。

お店で買ってきた珈琲豆は、お湯を注ぐと中央部分がぷっくりと膨らみます。これは焙煎中に放出しきれなかった炭酸ガスで、豆の鮮度を表すバロメーター。この可愛いぷくぷく見たさに、豆を買ってきたらすぐに珈琲を淹れたくなります。

綺麗な田んぼを通るルート、カラフルな家庭菜園の横を通るルート、竹林ルート、
お寺を通るルートなど、いくつかコースを作っておき、その日の気分で選びます。

朝焼けや夕焼けの空の色は、外に出なければ気付かなかった景色。この景色に出会えた時、「ほら、やっぱりやってよかったよね〜」って思えるのです。

朝時間のジョグ&ウォークは緩いルールで長く続ける

週に4〜5日、40分ほど走ったり歩いたりしています。飽きっぽい私がもう3年以上も続いているので、自分でも驚いています。「どうしたら続けられるか」と考えるより、「どんなことに心が折れやすいのか」と、自分の弱い部分に向き合うことが、続ける秘訣かも。「面倒くさいな〜」と思ったら、超ショートコースを「5分でもいいから行く」。行けたらゼロではないので、1カウントです。その積み重ねがモチベ維持に繋がり、継続できたことが自己肯定感を高めてくれます。

距離や時間を決めるとしんどくなるので、自分なりのルールで進みます。朝日を撮影するためにカメラを持って東に行くとか、パン屋さんまで走って帰りは歩くとか、ほんの小さなことなのですが、目の前に何かをぶら下げておくと一生懸命やるタイプなので、そういう自分をコントロールした感じです。

歩いたり走ったりしていると、人とすれ違います。軽く会釈をしたり、挨拶を交わしたり。ひとりでも、同じ時間に同じ場所にいる人たちと緩やかな繋がりを感じることができ、何だかほっとするのです。

肩の力を抜くために はじめたこと

ひとり時間に肩の力を抜きたい時は、薄暗い部屋でお香を焚いたり、お灸をすえたり、キャンドルで仄かな光を楽しんだりしています。ただボーッとする日々の習慣が、心を落ち着けてくれます。

お香は暮らしの一部。香りはそっと身体を包み込み、不安や悩みごとと闘う力をくれるので不思議です。

福岡県八女市「馬場水車場」のお香は、まるで「お寺の本堂」にいる感覚になり、心がほっとします。よもぎのお灸は、親友に頭痛や肩こりに効くとすすめられて5年ほど前から始めました。せんねん灸の「アロマきゅう」と、火を使わないタイプのお灸を使っています。燃焼時間はお灸の種類によりますが、大体2～3分燃焼して、2～3分置く感じ。目の疲れ、心の疲れ、冷え性など、身体の中にある症状が和らぐツボにすえると、血の巡りがよくなって気分も落ち着きます。

キャンドルや蝋燭のゆらゆら揺れる炎は、見ているだけで癒し効果抜群。燃焼時間は時間をはかる目安にもしています。燃焼時間4時間のキャンドルは、動画編集などちょっと長めの作業をする時に。蝋燭は燃焼が40分なので、小休止を挟む時に使うことが多いです。炎がはかってくれる時間は、ゆったりと流れる気がします。

お香は夜だけでなく、気が向いた時に焚きます。ゆらゆらと流れる自由な煙の形が、香りと相まって、気持ちを安らげてくれます。

心と体を整える 癒しのアイテム

「馬場水車場」のお香。自然の杉の葉で水車を使って作られ、香料は使わない昔ながらのお香。柔らかい香りです。

じんわり温かい 手軽なお灸

お灸の種類によって熱さのレベルがあり、いつも使っている「アロマきゅう」は温熱レベル2/5。シールを剥がして火をつけ、ツボにぺたりと貼り付けるだけなので、とっても手軽です。お灸をすると血行がよくなる気がします。

パームの実から抽出した原料を使用している 環境に優しいキャンドルです。ケースはアルミよりクリアな方が綺麗に見えます。ゆらゆらな光をただ見つめるだけで癒されます。

「STANLEY」の真空断熱ステンレスボトルは、1万2千mから落としても壊れない頑丈さ。80度を6時間保温できるので、外に持ち出すのにぴったりです。蓋がコップになるので、外コーヒー用のベストパートナー。

コーヒーを持って公園へ！

時々、外コーヒーを楽しんでいます。サッと気軽に楽しみたいので、河川敷や小さな公園へ行くことが多いです。途中でパン屋さんに寄り道なんかして、美味しいパンも仕入れたら最高です。

珈琲の入った水筒や、お湯を注ぐだけで飲めるコーヒーパックを持って行きます。キャンプもいいけど、思いつきでパッと出かけたいので、予約が要らない外コーヒーが合っているようです。ソファでくつろぎながら飲む珈琲も最高ですが、外の空気と一緒にいただく珈琲は格別。一度身体が覚えるとクセになります。

珈琲、おやつ、本、小さな敷物。これだけあれば十分です。珈琲じゃなくても、おにぎりとお茶でも最高です。

行きたい場所、見たいもの、欲しいものがたくさんあった若い頃は、「外コーヒー」の魅力には気付けなかっただろうと思います。それなりに経験を重ねてきた今だからこそ、外で珈琲を飲む「だけ」のことが、とても幸せに感じられるのかも。都会にも探せばグリーンはあるので、ぜひトライしてみてください。イヤフォンやスマホはナシにして、五感を使って自然の中に身を置いてゆっくりと。

小さなことで、心が大きく動かされるミニマルな趣味。大切にしていきたいなと思うのです。

益田ミリさんの『わたしを支えるもの すーちゃんの人生』をお供に。嬉しい時も辛い時も、時々読み返すお守りのような1冊です。これを読むと、優しい気持ちに包まれ、今日という日に感謝したくなります。

Column.5

書斎スペースは私の秘密基地

書きものや勉強をする専用スペースがあると、作業効率がグンとアップします。試験勉強も在宅ワークも大活躍したプチ書斎は、寝室の一角に設けています。机を片付けようと座っただけなのに、何だか気持ちが引き締まって自動的に集中モードがON。「ここに座ると、やる」と、パブロフの犬のようにインプットされているようです。

三姉妹の私にとって、机の引き出しは秘密基地でした。整然と並ぶ教科書と祖父の写真が飾られた姉の机、リカちゃん人形がずらりと並ぶ妹の机、その間に、私の机はありました。1段目にはにおい玉が入っていて、開けると香りがふわっと漂います。2段目には、キティちゃんのシールが貼られた交換日記や手紙たち。雑誌の切り抜きのタッキー（推し活）も。3段目の一番奥には、第2ボタンを隠していたことは誰も知らないはず（多分）。机に座って勉強した記憶より、引き出しに詰め込まれた思い出の方が遥かに多いです。私にとって机はちょっと甘酸っぱい思い出を詰め込んだ場所でもあります。今使っているヴィンテージの机には、におい玉や推し活グッズは入っていませんが、おばあちゃんになっても、机と共ともに過ごした日々と一緒に暮らしていきたいな、と思うのです。

Chapter. 6

背伸びしない等身大の私で考えるこの先のコト

Life - size me

動画編集を一から勉強してYouTubeをはじめてみました。コメントから学ぶこともたくさんあって、見てもらうことだけがSNSじゃないと日々感じています。

変わっていくことに心地よく向き合う

行動したい気持ちはあるけれど、身体がついて来ない今日この頃。若い人と仕事をした時や、ふと鏡に映る自分を二度見した時に、あぁ、大人の階段上っているな……と思います（笑）。でも、20代に戻りたいかというと、そんなことはありません。今がとても好きで、心地よいのです。

何でも必死だった20代は、「こうしなくちゃだめ！」と暮らし方も型にはめ込んでいました。でも、当時はそれができる体力も気力もあり、「あの時の自分」には合っていたのですよね。今は、劣ってきた体力を「明日でもいいことは明日やろう」「できていなくても、まいっか」と、後回しにする力でカバーできるようになりました。これはこれで、とても楽に暮らせて「今の自分」には合っています。

40歳になったら世の中のことはある程度分かってくるものだと思っていました。でも実際にその年齢に近づいてみると、まだまだ知らないことだらけ。ただ、失敗や遠回りを経験したことで、これから向き合いたいことがはっきりしてきたな、と思います。

暮らしをさらに見つめ直したり、興味のあることを突き詰めたり。学生時代に学んだことのある手話をもう一度学び直しはじめたことも、やりたかったことの一つです。経験してきたことが、これからの人生にちゃんと繋がっていくと思うと、苦労した過去の自分に感謝！　キラキラと輝かなくてもよく、ぼんやりとした微かな灯りがあればそれでヨシ。先は照らせなくても、毎日足元を照らしてくれる灯りがあれば十分だと思うのです。

亡き祖父から絵の具セットを譲り受け、祖父や父のように油絵を描こうか、どう使おうかと考えています。

右の絵の中にある看板。近くで見ると白と紺色の絵の具がざっくり塗ってあるだけですが、離れて見るとちゃんとカモメに見えます。

ほどよい鑑賞距離で ゆるやかなお付き合い

父と祖父は油絵を描いていたのですが、私が完成した絵を見ているといつも「もう少し離れて見てごらん」と言いました。絵画には、美しく見える「鑑賞距離」というものがあり、特に絵の具を重ねていく油絵は、近くで見ると表面がぼこぼこして何の絵か分かりづらいものです。でもほどよい距離を持つことで、近くでは見えなかった景色が見えてくるのです。

　大人になって父や祖父のその言葉を思い出し、何だか人間関係と似ているなぁと奥深さを感じています。気心の知れた親友は2人います。ひとりは20年以上の付き合い、もうひとりは30代に入ってから出会いました。マメに連絡は取り合うものの、前もって時間を合わせて会うのではなく、「明日空いてる?」「週末会える?」というラフな約束の仕方。ドタキャンも何でもあり、という気軽な関係が心地よいのです。

　大切だからこそ踏み込みすぎず、つかず離れずの程よい距離感を保つように。壁に飾ってある父の絵をちょっと離れて見ながら、風通しのよいゆるやかな繋がりを長く続けて行きたいな、とふと思います。

自分流働き方改革で暮らしにメリハリを

生活と仕事は別物だと思っていたのですが、どうやら仕事は暮らしのほんの一部にすぎないようです。そこで、体調を崩したことをきっかけに、無理しがちだった仕事の仕方を見直しました。名付けて「自分流働き方改革」です。

スローガンの一つ目は、「断る勇気を持つ」こと。頑張ればできるけれど、後々身体が大変……と思う仕事は、無理してやらずに誰かにお願いします。勇気を出して頼ってみたら、拍子抜けするほどスムーズに受け容れてもらえて、戸惑っていたのは何だったんだろう、となりました。大切なのは、「遠慮」ではなく、この人にならお願いできる、という「信頼関係」だったのですね。若さのエネルギーで働いてきたけれど、人との繋がりという財産が培われていました。

二つ目は、出社と退社の時間の見直しです。朝は、To Do をチェックできる時刻までに早めに出社。朝がバタバタだと、一日中バタバタしてしまう気がします。「今日は残業しない」という日を決めるのも大事。周囲が残業をしている中、先に帰るのはちょっと後ろめたい気がしますが、そこは「全力で仕事を進めたので問題なし！」と堂々と。

早起きで生まれた朝時間には、ゆっくりと珈琲を淹れて。定時帰宅でできた夕暮れ時の時間には、散歩に出かける。こういう「余白の時間」が暮らしの中にあるからこそ、限られた時間で仕事をこなせている気がします。

疲れて帰ってきた時に気持ちよく部屋が受け容れてくれる
ように、「帰宅後の私」のために部屋を整えて出かけます。

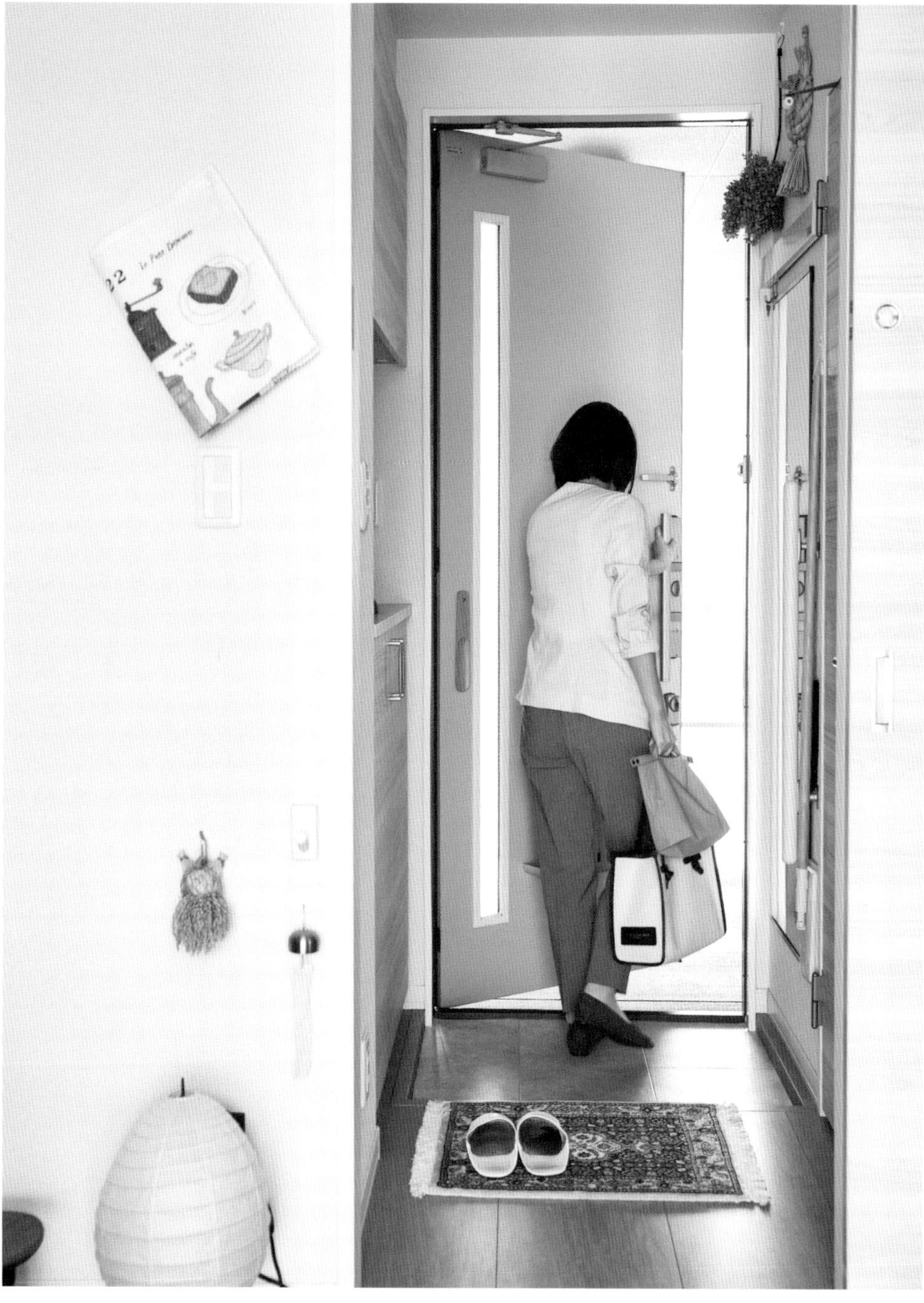

もしもに備える二つのバッグ

ひとり暮らしで困るのが、急病や災害です。予測がつかないことなので、最低限自分でできることはやっておきます。私は二つの「もしも」バッグを準備しています。

一つは、「そのまま入院」となった時のための急病用のバッグ（写真左上）。何度か救急車のお世話になったこともあり、自分が誰かを証明するための身分証のコピーは必須です。今はまだ、「きっと両親が駆けつけてくれるだろう」という甘えがありますが、そのうち両親もすぐには動けない年齢になってくるので、自分のことは自分で。これも歳を重ねる準備のひとつと思っています。

もう一つは自然災害用のバッグ（写真左下）で、登山用ザックに防災用品を入れています。保管場所は「いざ」という時に必ず通る玄関に。「防災用品点検の日」や、山から下山し、荷物を片付けるタイミングで中身を確認。飲料食料のストックは、体調を崩して動けない時にも便利なので、缶詰やレトルト、スープなどをキッチンパントリーに収納しています。以前は防災リュックと一緒に保管していましたが、期限を把握しづらいので、キッチンに移動。目につく場所にあるとローリングストックの計画が立てやすいです。

不安を消すことはできないけれど、備えることで少しは軽減できることを期待して。

急病用のバッグ。健康保険証のコピー、免許証のコピー、着替え、スマートフォンの充電器、お金、緊急連絡先を入れています。最低限の備えですが、近くに身寄りがいないので、これだけあれば何とかなるな……という準備をしています。歯ブラシセットと顔にも使える「NIVEA」の保湿クリームも一緒に。

自然災害用のバッグは頻繁に見直しをして、循環するバッグにしています。ベッド横の引き出しには、モンベルのコンパクトランタンを収納。熊本地震や台風の停電を経験して、寝ている時の「もしも」は寝室からはじまることを学びました。

使いすぎ防止のため、クレジット決済は使いません。電子決済は食費のみで、その他は現金というアナログメインの方法です。10年先を見える化するのは、昔から変わりません。

お金を貯める3つの目的

ひとり暮らしは漠然とした将来への不安がつきものです。その不安が少しでも和らぐように、貯金をしています。

でも、お金を貯めること自体が目的になると、他には関心がいかなくなってしまうので、何のためにお金を貯めるのかは明確に。私は「旅行」「病気や事故への備え」「老後の資金」の3つの目的を持って貯金をしています。

「旅行」は貯金の一番大きな目的です。人生を振り返った時に、家や家具、車、雑貨などの「もの＝物」よりも、目には見えないけれど心に残っている「こと＝経験」がたくさんあった方がいい。だから、思い立ったらすぐに旅に出られるように。

病気や事故への備えは、30代になって考えるようになりました。6回の手術や入院を経験して、退院する時は思った以上にまとまったお金が必要になることを痛感。また先日、飛び石で車のフロントガラスが割れるアクシデントが！　いざという時のために、給料の3ヶ月分のお金を準備するようにしています。

老後資金はひと月に16万～20万円程度必要と聞き、個人年金の積み立てのほか、貯蓄も加えて準備しています。

あとは貯金のモチベーションを上げるために、簡単なエクセルシートを作って貯金額を「見える化」しています。毎月頑張ったら、この年齢にはこれだけになるんだ！　と自分を鼓舞しています。

減らす片付けで心が軽くなる

コロナ禍で部屋にいる時間が増えて、自分を取り巻く「もの」（家や家具、車、雑貨などすべての「物」のこと）と、「こと」（仕事

「少ないもので暮らす」ということだけが正義ではなく、「今の暮らしに必要な量」と「持っているものの数」のバランスが取れていることを目指しています。

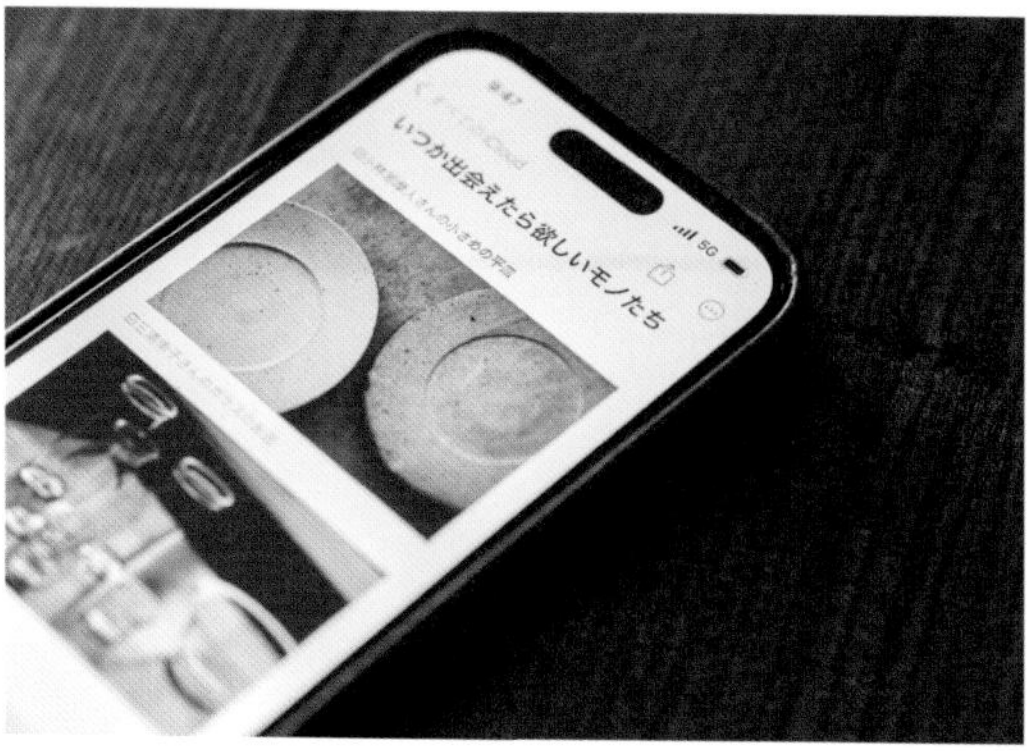

欲しいものは、スマホのメモアプリに写真付きでメモするようにしたら、思いつきで買い物することが激減。自然に出会う時が来たら買おうと決めています。お金は使っても無駄遣いはしていないので、後悔することがなく、ストレスがたまりません。

や家時間を含めてやっていること）とじっくり向き合ってみる時間ができました。

「もの」を手放すことは、自分と向き合うことでもあり、大変な作業です。大量のものを選別していると、手放すべきか、残すべきか悩みに悩んでぐったり。そんな時は、手放す基準を「今」の自分にアップデートするとスムーズに運ぶようです。髪型が変わって似合わなくなった洋服、マイブームの変化、間に合わせで買ってしっくりこなかった家具など。「過去」には必要だったものでも、「今」には必要ないなら、潔く手放します。

手放すと決めたら、その方法もひと工夫。例えば母にカップを譲るとしたら、新たに父にもカップを一つ買ってみる。手放すものに「プラス１」のものを付け足すことで、次の場所でもっと生き生きと使われるといいなという願いを込めます。

「こと」は、「しなくてもいいこと」を整理。特に減らしたいのは「迷う時間」です。これはものを減らすことと、密接に結び付いているようです。洋服、靴、バッグ、器……持ち物の数が減ってくると、自然と迷う時間が減ってきます。通勤時に着る服やパンプスは組み合わせを決めて固定化したら、朝からコーデに悩む時間がなくなり、快適になりました。

「今」の自分に必要のない「もの」と「こと」を減らしていくと、色々な選択肢が減り、同時にストレスも軽減されていきます。

他人の一歩と 自分の一歩は違う

自分の一歩と、誰かの一歩は違うもの。1メートル先まで進む時、50センチずつ二歩で進む人もいれば、一気に一歩で行く人もいます。きっと、どちらが偉いとか、正しいわけではないはず。ついその一歩を比べてしまいがちですが、人の歩みと比べるより、「昨日の自分の歩み」と比べた方が、成長も分かりやすいですよね。それが分かると、誰かと比較したり妬んだりしなくなると思うのです。

以前、昇進試験に失敗したことがあります。一緒に頑張ってきた同期が見事に合格した時、彼と自分を比べてだいぶ落ち込みました。自分が積み重ねてきたことを振り返って、何が至らなかったのだろう、とさんざん考えました。辿り着いた答えが、「私、後悔しないくらい努力したよね。だったら、いいのでは……」ということ。同期は昇進の一歩を踏み出しましたが、私は「同じ想いをした部下や同僚に寄り添える」という場所に辿り着くことができました。

時間はかかりましたが、今となってみると、「不合格」は私の人生に必要な経験だったと思えています。
　毎日同じ歩幅で前に進んでいくことが正解ではなく、時には昨日の一歩を振り返ってみたり、その歩みをもう一度なぞってみる。そうやって立ち止まりながら進むのが人生なのかな、と思います。

他人の一歩と自分の一歩も違うけど、自分の一歩も昨日と今日とでは違う気がします。三歩進んで二歩下がる一歩だったり、大きく進んだ一歩だったり。どんな一歩でも、長い目で見て進んでいればそれでヨシ！

「もうダメだ……」のエピソードは、見返した時に「宝物」になるマジック。ちなみに、仕事のデスクには姪っ子の写真と「おしごとがんばってね」と書かれたメッセージを挟んでいて、お守りにしています。

もうダメだ……と思った自分へのおまじない

大変な思いや辛い経験をした時、できる限りその時の気持ちを綴るようにしています。その記録は、「もうダメだ……」と思うような出来事に直面した時に足元を照らす小さな灯りになり、前に進む勇気を与えてくれます。

絶体絶命のピンチ……という時に、心の中で唱える言葉があります。それは、「絶体絶命エピソード、アップデート中」。焦っても頑張ってもどうにもならない時、この言葉を心の中でつぶやきながら、今の状況を俯瞰して捉えてみます。

例えば、大事な会議がある出張で、人身事故による遅延で飛行機に乗り遅れた時のこと。私の手荷物を抱えてグランドスタッフの方が全速力で走り、素早く手配してもらった別の飛行機に乗りました。けれども会議にはもう間に合わない。どうすることもできない上空で気持ちばかりが焦ります。そんな時に、「今まさに、絶体絶命エピソード、アップデート中！」と実況中継。話のネタが増えたな、くらいに考えると気が楽になってきます。会議には遅れましたが、何ごともなく、「今ここにいる」ことが、また一つ自信に繋がりました。

焦って思考がパニックになった時、おまじないのような言葉を持っていると、落ち着きを取り戻せます。

諦めて繋がった本当のご縁

2020年9月8日。Instagramで当時使っていたアカウント「namytone」が何者かに奪われてログインできなくなり、新しいアカウントでスタートした日です。

当時のアカウントは、20万人以上のフォロワーがいました。もう、落胆なんて言葉では語りきれません。でもその時、なぜかアカウントを取り戻す申請はせず、ゼロからやり直そう、と思ったのです。

「すべてを諦めたから、またはじまった」

そう思えるまでにはかなり時間がかかりました。けれど振り返ってみると、得るものもたくさんありました。わざわざ探して辿り着いてくれた方、自分のアカウントで事態をシェアしてくれた方、通報してくれた方、励ましのメッセージをくれた方。

フォロワーさんが書いてくれた「本当にフォローしたい人が集まりましたね」というコメントには、どれだけ救われたことか。

ネット上での繋がりなのに、それ以上の確かな温かさを感じることができました。目に見えない、言葉にはできない、確かなご縁のようなものを感じています。

20万人のフォロワーを諦めていなかったら、今の私はいなかったと思います。またいつかすべてを失うことになったとしても、その時はまた、再び繋がれるような気がしています。きっと、根拠はないけど「また会える」と確信できるパワーこそが、「ご縁」というものなのかもしれませんね。

「namytone」というアカウント名はしばらく奪われたままでしたが、ある時取り戻すことができました。新しいアカウントはフォロワーを増やすためではなく、「自分のため」に楽しくやっています。

9:45

40歳からは身体や心の自分メンテに時間をかけながら生活を落ち着け、謙虚さと奥ゆかしさを育んでいきたいと思っています。

新しいことをはじめるのに遅いなんてない

新しいことをはじめるのは、もう遅いかも……。どこかでそんな風に思っていたのですが、逆に、やるなら今なのでは？　と思うようになりました。歳を重ねるごとに、体力、気力は衰えていくので、1歳でも若いうちに、行動に移した方がいいかな、と。それに、日々の暮らしや身の回りの人を大切にしていると、不思議と何でもやれるような前向きな気持ちが湧いてくるのです。年齢なんて関係なく、新しいことに常に挑戦し、自分が生きていく世界を広げていくことは大切ですよね。

手話やギターなど新しくはじめた趣味もあります。ゆっくり続けている山登りももっとたくさんしたいし、新しい仕事にチャレンジもしてみたい。終の棲家を探すこと（引っ越し）も、やりたいことリストに入っています。中でも優先順位が高いのは、親孝行をすること。両親が元気なうちに一緒に旅行をしようと思いつつなかなかできずにいて、いざ実行と思った頃には行けなくなっているかも、と思うようになりました。

そして、心の在り方は、謙虚さと奥ゆかしさを育んでいきながら、器の大きい人になりたいなと思っています。そのためには、無駄だと思うことも、意味がないと思うこともやってみること。人生はその積み重ねで、後から振り返ると器が少しだけ育っているように思うのです。だから、器を大きくする努力をするのではなく、等身大で、日々を丁寧に過ごしていけたらな、と思っています。

いままでもたいへん
これからもたいへんだけど
それでも毎日をご機嫌で前向きに

無駄なこと、意味がないこと、振り返ってみれば、それが人生を楽しくしているのかも。振り返った時に色々な層が積み重なっているように、辛いことも悲しいことも楽しいことも、柔らかく受け容れていきたい。

おわりに

この本を書きながら、私は〝あの頃の自分〟と再会しました。人生は、ひょんなことから変わります。表情も日々も突然に。

祖母の一言が、私の人生を大きく動かすなんて思ってもみませんでした。

人もものも、時間が経つほど衰えていくのは当然のこと。人生が長くなれば、その分できないことも増え、思ってもいないことが起こる可能性も高まります。しかし、時間とともに訪れる衰えや変化は、決して悪いことではなく、深みを増し、新しく紡がれていくこと。これは、家具探しをする中で出会った、ヴィンテージ家具の奥深さです。何だか人生と重なり合う感じがして、ぐんと引き込まれていきました。自分がいなくなったそれからも、受け継がれていくたすきがあるって、素敵です。

こだわりがあって、ずっと変わらずにいる人は、それだけで説得力があります。だけれど、変わっていくこと、それを認めていくことは、変わらずにいることと同じくらい大切なことだと思います。

「柳に雪折れなし」と言いますが、大木のように二本足でしっかり立つことよりも、ゆらゆらと揺れる柳のように、これから訪れるであろう「変化」を受け容れられるしなやかさを大切に生きていきたいと思います。

いつも心を寄せてくださるフォロワーの皆さま、本当にありがとうございます。これからも、粛々と日々を重ねていきましょう。

そして本書の刊行に際して、真摯にアドバイスをくださった担当編集の宇枝さま、山崎さま、本当にありがとうございました。再び一緒に本を作ることができ、胸がいっぱいです。さまざまな方のお力をお借りし、本書が書店へ、そして皆さまのお手元へ届いていることと思います。携わってくださるすべての方に感謝の気持ちを込めて。

何者でもない私の日々が綴られた一冊が、誰かの背中をそっとさすることができますように。そしてまた誰かの居場所になれたら幸いです。

namytone

商品に関する問い合わせ先

https://book.impress.co.jp/info/

このたびは弊社商品をご購入いただきありがとうございます。本書の内容などに関するお問い合わせは、上記のURLまたは二次元バーコードにある問い合わせフォームからお送りください。

◎上記フォームがご利用頂けない場合のメールでの問い合わせ先

info@impress.co.jp

※お問い合わせの際は、書名、ISBN、お名前、お電話番号、メールアドレス に加えて、「該当するページ」と「具体的なご質問内容」「お使いの動作環境」を必ずご明記ください。なお、本書の範囲を超えるご質問にはお答えできないのでご了承ください。

- 電話やFAX でのご質問には対応しておりません。また、封書でのお問い合わせは回答までに日数をいただく場合があります。あらかじめご了承ください。
- インプレスブックスの本書情報ページ
  https://book.impress.co.jp/books/1122101122では、本書のサポート情報や正誤表・訂正情報などを提供しています。あわせてご確認ください。
- 本書の奥付に記載されている初版発行日から3年が経過した場合、もしくは本書で紹介している製品やサービスについて提供会社によるサポートが終了した場合はご質問にお答えできない場合があります。
- 本書の記載は2024年1月時点での情報を元にしています。そのためお客様がご利用される際には情報が変更されている場合があります。あらかじめご了承ください。

本書の感想をぜひお寄せください

https://book.impress.co.jp/books/1122101122

アンケート回答者の中から、抽選で図書カード（1,000円分）などを毎月プレゼント。当選者の発表は賞品の発送をもって代えさせていただきます。※プレゼントの賞品は変更になる場合があります。

Staff

デザイン　漆原悠一、栗田茉奈（tento）
写真　清永 洋
イラスト　Shapre
校正　濱口静香
DTP　柏倉真理子
編集協力　山崎理佳
編集　宇枝瑞穂
編集長　和田奈保子

落丁・乱丁本などの問い合わせ先

FAX：03-6837-5023
service@impress.co.jp

※古書店で購入された商品はお取り替えできません。

人生は折り返し地点からがきっとたのしい

二〇二四年二月二一日　初版第一刷発行
二〇二四年四月一日　初版第二刷発行

著　者　namytone
発行人　高橋隆志
発行所　株式会社インプレス
〒一〇一－〇〇五一
東京都千代田区神田神保町一丁目一〇五番地
https://book.impress.co.jp/

印刷所／シナノ書籍印刷株式会社
ISBN978-4-295-01854-4 C0077
Printed in Japan